“十四五”普通高等院校信息管理与信息系统专业系列教材

文献检索信息技术与应用

李燕红◎主编

中国铁道出版社有限公司
CHINA RAILWAY PUBLISHING HOUSE CO., LTD.

内 容 简 介

本书是“十四五”普通高等院校信息管理与信息系统专业系列教材之一，立足于高等院校学生所需的信息检索与利用能力，以提升信息素养为核心，全面阐述了信息与文献、信息资源、常见检索平台的运用、学术论文的撰写规范，并结合实例进行讲解，旨在帮助读者深入理解文献检索及其方法。

本书内容紧扣文献检索课程的教学，结合问题解决与检索平台的使用，将理论与实践相结合，突出高效利用信息资源，使专利、标准知识介绍与文献检索应用相辅相成，便于学生掌握。

本书适合作为普通高等院校信息检索、信息素养类课程的教材，也可作为教学与科研的参考资料。

图书在版编目（CIP）数据

文献检索信息技术与应用 / 李燕红主编. -- 北京 : 中国铁道出版社有限公司, 2025. 4. --（“十四五”普通高等院校信息管理与信息系统专业系列教材）.

ISBN 978-7-113-31749-2

Ⅰ. G254. 9

中国国家版本馆CIP数据核字第2024EJ7353号

书　　名：文献检索信息技术与应用
作　　者：李燕红

策　　划：唐　旭　　**编辑部电话：**（010）51873202
责任编辑：刘丽丽　彭立辉
封面设计：刘　颖
责任校对：刘　畅
责任印制：赵星辰

出版发行：中国铁道出版社有限公司（100054，北京市西城区右安门西街 8 号）
网　　址：https://www.tdpress.com/51eds
印　　刷：北京联兴盛业印刷股份有限公司
版　　次：2025 年 4 月第 1 版　2025 年 4 月第 1 次印刷
开　　本：787 mm×1 092 mm　1/16　**印张：**9　**字数：**242 千
书　　号：ISBN 978-7-113-31749-2
定　　价：40.00 元

前　言

随着科学技术的持续进步，未来的社会将主要以网络和数字为核心技术，计算机技术、互联网、移动互联网、大数据和人工智能协同发展相互促进，技术迭代速度不断加快。人们在享受技术便利的同时，也面临着海量信息的充斥，这些信息包罗万象，有精华也有糟粕，有真实也有虚假，既有可供学习教育科研的，也有可供购物旅游消遣的。对于每个人而言，对自己有用的信息往往具有指向性，如何快速查找、甄别甚至加工有价值的信息尤为关键。

党的二十大明确指出：“坚持把发展经济的着力点放在实体经济上，推进新型工业化，加快建设制造强国、质量强国、航天强国、交通强国、网络强国、数字中国。”要实现网络强国和数字中国的目标，需要具备扎实的信息素养，提高自身的信息素养能力。

各高校和图书馆界一直在致力于推广和改革信息素养教育，使其随着社会信息环境的变化而不断更新。文献检索信息技术与应用在这个环境中不断发展升级，经历了从传统意义上的文献检索（手工检索、脱机检索、联机检索）到网络检索的演变。未来的文献检索将在计算机检索的基础上，向智能化、简单化、个性化和专业化方向发展，使计算机检索更加完善、简便易用。

在信息时代，具备快速、高效、精准的检索技能，将使你在茫茫人海中脱颖而出。

掌握文献检索信息技术，不仅有助于培养个体的信息素养，提升自我学习能力，并解决学习与生活中的实际问题，更能为个人成长提供丰富的信息资源。

在科技高速发展的今天，学者的论文和著作数量激增。如何在海量文献中迅速、准确地找到所需信息变得至关重要。掌握文献检索信息技术，能够更快地获取参考资料，进而进行更深入、更精确的研究。

利用文献检索信息技术，能更高效地管理研究过程，提升学习和工作效率。例如，用文献管理工具集中管理各种来源的文献，按研究需求筛选和分类，有助于深入理解和利用这些文献。

在科学研究中，理论知识的储备与实证研究的基础均源于文献资料的综合作用。研究者还需要进行文献综述，即对已发表的文献进行评价、比较、总结与归纳，以实现对研究领域的深入理解和全面把握。

对于从事学术或专业工作的人士来说，文献检索信息技术是一项必备技能。在学术界或企业中，对文献检索技能的要求日益提高，掌握文献检索信息技术不仅有助于提升个人竞争力，同时也有助于更好地开展各项工作。

综上可见学习文献检索信息技术应用的重要性。

本书立足于学生所需的信息检索与利用能力，致力于提升学生的信息素养，详尽地阐述了信息与文献、信息资源、常见检索平台的运用、学术论文的撰写规范，并结合实例进行讲解，旨在帮助读者深入理解文献检索及其方法。书中重点介绍了文献检索技术工具的具体应用，使读者在学习过程中能够超越抽象的理论。本书具有如下特点：

① 紧扣文献检索课程的教学要求，便于学生掌握。

② 结合问题解决与检索平台使用，将理论与实践相结合。

③ 突出高效利用信息资源。

④ 专利、标准知识介绍与文献检索应用相辅相成。

为了更好地学习本书，应注意以下几点：

① 深刻理解基本概念，通过思考和习题加强巩固。

② 重视实践操作。本书介绍了众多检索工具，每一种工具都具有其独特的用途和应用方法。在教学过程中，教师可以适时进行操作演示，或布置课后作业让学生进行模拟训练。

③ 结合实际应用。将所学知识点运用到日常工作、学习和生活中，反复验证以提高实际应用水平。

④ 保持良好的学习态度。自我掌握的知识才是真正属于自己的，课堂讲解需要在课后进行复习体悟。主动学习，激发内在动力，培养自觉学习的良好习惯。

在本书的编写过程中，全国高等院校计算机基础教育研究会教育信息化专业委员会、广东省高等学校公共计算机课程教学指导委员会、中国铁道出版社有限公司、知网、万方、维普、超星、翼狐、MET 全民英语等机构给予了大力支持，编者还参考并引用了众多文献。在此，对以上单位和文献的作者表示衷心的感谢。

鉴于编者水平和时间有限，书中难免存在疏漏或不当之处，敬请广大读者批评指正。

编　者

2024 年 10 月

目　录

第1章 理论概念

在开始学习本书之前，有必要对信息与文献的概念具备清晰的理解。概括而言，信息是指人类社会传播的各种内容。人们通过获取、识别自然界和社会的差异化信息，以区分不同事物，进而认识和改变世界。通过对信息的感知、搜集、概括、整理和分类，能够对客观事物的本质和规律产生认识，这就是通常所说的知识。文献则是记录知识的各类载体的统称，它在人类文明的传承过程中具有重大价值。

1.1 信息与文献

1.1.1 信息

1. 信息的概念

有关信息的定义不下百种，数学家香农在题为《通信的数学理论》的论文中指出："信息是用来消除随机不定性的东西。"控制论创始人维纳认为："信息是人们在适应外部世界，并使这种适应反作用于外部世界的过程中，同外部世界进行互相交换的内容和名称。"我国著名的信息学专家钟义信教授认为："信息是事物存在方式或运动状态，以这种方式或状态直接或间接的表述。"

信息是客观存在的一切事物通过物质载体所发出的消息、情报、指令、数据和信号中所包含的一切可传递和交换的内容。信息是指在传递过程中所携带的有用的、有意义的内容，它可以是文字、图像、声音、视频等形式。信息的概念是在信息时代的背景下产生的，它是指人们获取、处理和利用信息的能力和技术。信息的概念包括信息的来源、传递、存储、处理和利用等方面。简单来讲，人们通过网络购物产生购买行为，这种购买行为就是信息。这些信息通过网络传递并被收集、整理、加工成有用的数据信息，然后利用这些信息反向分析人们的购买行为，从而出现相应的营销策略，带来效益。这就是人们对于信息的搜集应用处理，是一种经验的积累、知识的传递，对社会进步产生影响。

信息的定义和概念是人类社会发展的必然产物，它是人类认识世界、改造世界的重要工具，也是推动社会进步的重要力量。在信息时代，信息已经成为人类社会发展的核心力量，它对人类社会的发展和变革产生了深刻影响。因此，必须不断提高自己的信息素养，不断学习和掌握信息技术，才能更好地适应信息时代的发展和变化。

2. 信息的特征

信息的特征包括以下几方面：

① 传递性：信息需要通过某种媒介进行传递，如电子邮件、电话、书信等。

② 可重复性：同一份信息可以被多次传递和复制，而不会改变其本质内容。

③ 可存储性：信息可以被记录下来，存储在各种介质中，如硬盘、U盘、云存储等。

④ 可加工性：人们可以对信息进行加工处理，如编辑、排版、翻译等，使其更加符合实际需求。

⑤ 时效性：信息的价值和意义随着时间的推移而发生变化，需要及时更新和调整。

总之，信息是现代社会不可或缺的重要资源，它的传递、存储、加工和利用，对于人类的生产、生活和文化都起着至关重要的作用。

3. 信息的应用

信息的传递可以是人与人之间的交流，也可以是机器与机器之间的通信。信息的价值在于它能够为人们提供知识、启示和决策支持。

信息在现代社会中得到了广泛的应用，它涉及各个领域：

① 教育领域。信息为教育提供了丰富的教学资源和知识体系，帮助学生更好地学习，教师更好地教学。

② 商业领域。信息为企业提供市场情报、竞争对手分析等关键数据，助力企业制定正确的发展策略。

③ 科研领域。信息为科研人员提供最新的研究成果和实验数据，推动科学技术的发展。

此外，信息在医疗、政府管理、环境保护等领域也发挥着重要作用。

总之，信息已经成为现代社会中不可或缺的一部分，它的应用范围越来越广泛，对人们的生活和工作产生了深远的影响。

1.1.2 文献

文献是指记录人类知识、经验、思想、文化和艺术等方面的各种书籍、期刊、报纸、手稿、音像资料、电子文献等载体。文献是人类智慧的结晶，是人类文明的重要组成部分，也是学术研究和教育教学的重要资源。GB/T 4894—2009将文献定义为“文献，在文献工作过程中作为一个单位的记录信息或实物对象”。文献的构成包括知识信息、物质载体、符号系统、记录方式这四个基本要素。

文献的类型多种多样，按编写或出版形式可分为图书、连续出版物、会议文献、科技报告、标准文献、产品样本、专利文献、学位论文、文书、档案等。按载体可分为纸草文献、泥板文献、甲骨文献、金文文献、石刻文献、简牍文献、纸质文献、音像文献、机读文献等。按加工情况可分为一次文献、二次文献、三次文献。按语种可分为汉语文献、英语文献等，或单语种文献、多语种文献等。按形成的历史时期可分为古代文献、现代文献等。按文献内容的学科范围可分为社科文献、科技文献，以及各学科文献（见文献分类法）。按文献的传播和使用范围可分为公开发行文献、非公开发行文献，后者又称内部文献、限制流通文献，即从正常采购途径难以获得的文献，西方多称之为“灰色文献”。文献的内容和形式也随着时间和社会的变迁而不断发展和变化。

文献的收集、整理、分类和利用是图书馆、档案馆、博物馆等机构的重要职责，也是学术研究和教育教学的重要基础。同时，随着信息技术的不断发展和应用，文献的数字化、网络化和智能化也成了未来的发展趋势。

1. 文献的构成要素

构成文献的四个基本要素包括：

① 构成文献内核的知识信息。

② 负载知识信息的物质载体，如甲骨、竹简、绢帛、纸张、胶卷、磁盘、光盘等，它们是文献的外在形式。

③ 记录知识信息的符号，如文字、图表、声音、图像等。

④ 记录知识信息的手段，如刀刻、书写、印刷、录音、录像等。

由此可知，文献要有一定的知识内容，没有记录任何知识内容的纸张、录音带等不能称为文献。参考图 1-1 可以更清晰地了解文献的构成要素。

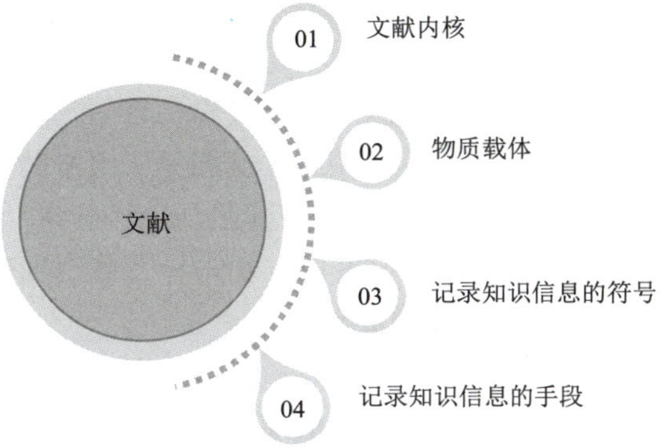

图 1-1　构成文献的四个基本要素

文献要有用以记录知识的物质载体。从这个意义上讲，存在于人们头脑中的知识不能称为文献，只有将知识用文字、图像、数码等各种符号，采用书写、印刷或其他诸如光学、电磁学等方法记录在一定物质载体上，才称为文献。图 1-2 中列出了文献的部分载体形式。

（a）甲骨文　（b）竹简　（c）报纸　（d）计算机

图 1-2　文献的部分载体

2. 文献的属性与特征

从文献的构成要素可以看出，文献具有三个基本属性，即文献的知识性、记录性和物质性。它具有存储知识、传递和交流信息的功能。文献是人类进行思想交流、文化交流的一种最重要的信息，它包含以下五种基本特征：

① 知识性：知识性是文献的本质，离开知识信息，文献便不复存在。

② 传递性：文献是作为知识信息的工具出现并存在的，人类的知识财富正是依靠文献才得以传播。文献能帮助人们克服时间与空间上的障碍，在时空中传递人类已有的知识，使人类的知识得以流传和发展。传递知识信息是文献的基本功能。

③ 物质载体性：以符号、声音、影像等形式记录在物质载体上，才能保存和传递。

④ 人工记载性：文献所蕴含的知识信息，是人们通过各种方式记录在载体上的。

⑤ 动态性：文献并非处于静止状态，人们在利用文献信息的过程中，又会产生新的文献信息，其蕴含的知识信息随着人类社会和科技的发展不断地有规律地运动着。

3. 文献的功能

文献的功能体现在以下几方面：

① 存储和保留知识的功能。自古以来，人类认识世界、改造世界所取得的各种知识，主要是靠文献来存储的。虽然文献不能把人类知识的全部都存储起来，但是它却能记录保存人类知识的精华。因此，文献一直是人类了解过去、认识现在和预测未来的重要工具。正因为如此，文献早已成为存储和保留人类知识的最重要的形式。

② 传递和交流信息的功能。文献能记录人类一切精神文明、物质文明的历史和现状，是传递人类社会知识的最佳工具。如果说古代文献以“藏”为主，那么当代文献则是以交流为主，因此，传递和交流文献信息是当前图书馆的一项重要使命。

③ 知识创新的功能。在漫长的历史长河中，人类积累了大量的文化知识，这是人类的宝贵财富。随着社会的发展、科学的进步，这笔财富正在不断地剧增。人们通过对文献的分析解读，梳理前人的成果和问题，发现新的研究方向和切入口，甚至创造新的研究范畴和学术体系，是推动学术领域持续进步和创新的重要驱动力。

1.2 文献检索概述

1.2.1 文献检索的定义

文献检索就是通过查阅文献资料以获取所需的信息、知识或情报的过程。可借助检索工具或检索系统，运用正确的检索方法，从各种类型的文献中查找所需的文献信息。

从以上定义可以解读出以下要点：

① 检索方式：是针对文献（纸质/电子）的检索。

② 检索的途径：查阅文献。

③ 检索的本质与目的：信息、知识或情报的获取。

④ 选择与甄别文献（权威性）、规范整理参考文献信息（论文写作），例如，检索党史方面的文献信息应从权威性的文献中进行检索，党史文献权威出版机构，如中共党史出版社、党建读物出版社、新华出版社、红旗出版社。

1.2.2 文献检索的类型

文献检索按检索手段可分为手工检索、计算机检索；按检索系统是否联网可分为单机检索和在线检索；按检索内容可分为文献信息检索、数据信息检索和事实信息检索，如图1-3所示。

1. 手工检索和计算机检索

（1）手工检索

① 查字典：通过音节或部首找到页码，再根据页码线索找到内容，整个过程纯手工解决，是典型的手工检索例子。

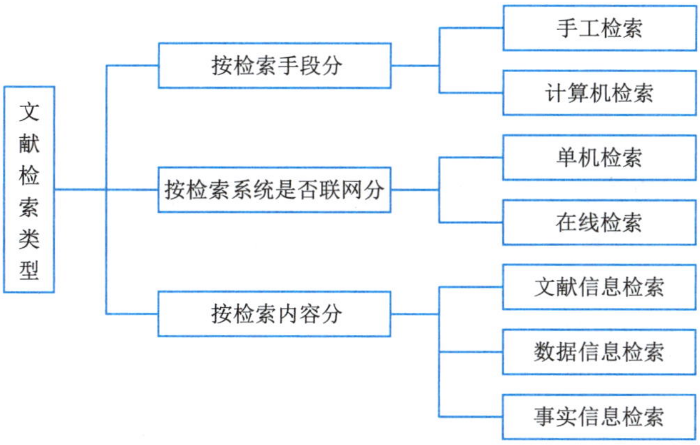

图 1-3　文献检索类型

② 图书馆手工馆藏书目检索系统：以前图书馆在大堂设有书目卡片柜，每张卡片对应一种图书。读者需要手动查找卡片并抄录信息，再告知图书馆员进行查找。这种方式检索效率低、质量差，已逐渐被淘汰。

（2）计算机检索

随着计算机的普及，信息检索得到了进步。目前，计算机检索已成为信息检索的主流。例如，查字典可以在在线字典进行，查馆藏书目可以利用图书馆馆藏书目检索系统。

2. 单机检索和在线检索

（1）单机检索

单机检索又称脱机检索，是指在无须连接互联网的情况下，仅通过本地方式查找信息。例如，使用Everything搜索工具进行本地搜索、在个人计算机上查找文件或者在Word文档中查找特定词汇，皆属于单机检索的范畴。

（2）在线检索

在线检索亦称联机检索，主要是通过互联网进行信息检索。例如，在淘宝寻找心仪的服装、在美团查找美味餐馆、在贝壳找房了解附近小区房价、在B站观看学习视频、在飞猪查询航班延误情况或者在CNKI寻找授课教师所发表的学术论文等，皆属于在线检索的范畴。

3. 文献信息检索、数据信息检索和事实信息检索

（1）文献信息检索

此过程涉及在图书馆馆藏书目系统中查找书籍、在CNKI中搜索论文、在国家标准全文公开系统中寻找标准，以及在专利系统中查询专利。此类检索的典型特点在于，检索结果并非直接解答用户的问题，而是寻找相关文献，实现相关性检索，而非确定性检索。

（2）数据信息检索

数据信息检索又称数据检索，主要以数值型数据为检索对象。例如，在国家统计局网站的查询系统中查询2022年全国法学博士毕业生人数，在世界银行网站查询比利时国家人口数量，在微信指数中探寻“大数据”一词的具体指数，在猫眼电影中查询电影《热烈》的票房数据，等等。

（3）事实信息检索

针对具体事实进行信息检索，既包括从文献信息检索中提取相关内容，也包括在数据信息检索中获取相关数据，同时还涉及相关运算、对比、推理、判断和评价过程。由于分类标准各

异，检索结果可能存在差异。

1.2.3 检索工具

检索工具是用于报道、存储和查找文献线索的工具和设备的总称。图书馆目录、期刊索引、电子计算机检索用的文献数据库等都是检索工具。它具有报道文献、存储文献、检索文献三大基本功能。常见的文献检索工具包括数据库、图书馆检索系统、搜索引擎等。

1. 数据库

数据库作为一种计算机或网络技术支持的工具，致力于对各类文献信息进行高效收集、整理与管理工作。它是信息资源的核心组成部分，同时也是实现信息检索的关键途径。数据库的核心功能包括检索与存储，按照不同主题构建各类数据库，涵盖电子期刊、图书、学位论文等丰富资源。值得注意的是，不同数据库所提供的检索方式及服务存在差异，部分数据库仅需要输入关键词即可实现简单检索，而其他数据库则需要将关键词组合使用，以获取所需信息。

2. 图书馆检索系统

图书馆检索系统是一种借助计算机网络、计算机终端及通信线路等设备，为用户提供了便捷的文献信息获取途径。在图书馆内，用户可通过各类设施进行多样化的文献信息检索，包括：利用书刊阅览室的实体资源进行查阅；运用阅览室内的电子计算机设备进行信息检索；通过网络连接图书馆资源进行在线查询。这些文献检索方法均为图书馆所常用，旨在满足用户多元化的信息需求。

3. 搜索引擎

搜索引擎作为互联网上最早出现且广泛应用的信息检索工具，具备在网络中搜集和组织信息的能力。通过分析各类检索工具提供的关键词、文档类型、文件名等相关信息，搜索引擎为用户提供了与其需求相关的文献、数据和资料等。此外，搜索引擎支持多种语言并具备强大的全文搜索功能。目前，较为知名的搜索引擎有谷歌和百度等。

1.2.4 检索关键词

关键词亦称专业词汇或非受控词汇，在信息检索领域特指具有实际含义的词汇。由于一词多义的现象广泛存在，即某一关键词存在多个同义词或拼写形式差异较大的词汇，如某化学物质，其学名、俗称、分子式、登记号以及结构式均可作为其表现形式。因此，在利用关键词进行检索时，必须充分考虑其同义词和不同形式的表达，否则可能导致遗漏。

关键词与主题词的区别在于其非受控性质。为确保检索效果，选择具有代表性的关键词至关重要。关键词所涉及的问题大致可分为三类：事物（专业名词）、关系（概念归纳和抽象表达的规范化）和事件（特定时间、地点、机构或按事件描述进行检索）。

关键词作为检索式的核心要素及信息检索的基本单位，其选择是否得当，将对信息检索效果产生直接影响。

1. 关键词选择有五大原则

① 新颖性：所选词应是在主题范围内较新的词，但又不是作者自己创造的。

② 通用性：所选词应是文献中被普遍使用或具有普遍意义的词，但也要注意，不能一味追求通用词语，要根据具体情况确定。

③ 规范性：所选词应符合语法规则和习惯用法。

④ 重要性：所选词应是文献中最常用、最重要的词。

⑤ 频率性：所选词应避免使用频率较低或专指性太高的词，一般不选用动词和形容词；不使用禁用词；尽量少用或者不用不能表达课题本身内容的高频词，如“分析”“研究”“应用”“技术”等。

2. 关键词选择中还有几个问题

① 同义问题：所选词应能概括主题概念，但又不能过多。因为有些关键词具有多个意思，例如，“经济”既可指“经济活动”，也可指“经济活动中的一种状态”，因此在选择关键词时要避免同义问题。

检查时为保证查全率，同义词尽量选全。同义词选择应主要考虑：同一概念的表达方式；同一名词的单、复数、动词、动名词等；要考虑上位概念词与下位概念词。

② 多义问题：所选词应具有多种不同的词义，但也要注意避免多义问题。例如，“计算机”既可指“计算机系统”，又可指“电子计算机”等。因为计算机系统和电子计算机之间没有必然的联系，所以不能把它们作为关键词。

③ 歧义问题：所选词应避免歧义问题，例如，“国家”既可指代“国家”这一政治实体，又可以用来描述“与国家相关的事物”或者“与国家相关的行为”等。因为不同国家或地区有不同的政治制度、社会制度和经济制度等，如果用同义词代替这些概念，就会造成歧义。

④ 多个概念的关系问题：所选词应避免多个概念间有矛盾、重复和交叉，否则将会引起混乱和歧义。

1.2.5　检索策略

检索策略又称检索技巧，是指在进行文献检索过程中所采用的一系列方法。此类技术涉及对文献资料的筛选、组织、处理及展示，旨在从海量信息中迅速定位所需内容，以满足各类用户的需求。检索策略种类繁多，可根据用途划分为情报检索、资料检索和专业检索；根据信息来源可分为内部检索、外部检索和复合检索；依据检索方式可分为手工检索、自动检索和半自动检索；以形式而言，可包括词表（主题词表）、分类法、主题法、分类法等。这些策略相互协作，共同构建了文献情报工作中的三种主要形式。

要选择适当的检索策略和搜索逻辑，如Boolean逻辑操作符（AND、OR、NOT）、通配符、拼音声母等。

1. 检索策略的内容

① 确定检索系统：根据课题选择合适的检索系统，必须包括检索者检索需求的学科范围和熟悉的检索途径。在计算机检索中还需要确定检索所需要的文档名称或代码。

② 确定检索途径：各检索系统一般都具有许多索引体系（即检索途径），应根据课题需要选择自己熟悉的检索途径。可多途径配合使用。

③ 选定检索词：各种检索途径均须有相应检索词（亦称入口词）方可进行检索。例如，分类途径以分类号作为检索词，主题途径以标题词、关键词等作为检索词等。计算机检索还须选定检索词编制布尔逻辑提问式。

④ 调整检索方案：根据检索过程中出现的各种问题及时调整方案，扩大或缩小检索范围。

2. 检索策略的制定与调整

① 检索策略的制定：确定检索工具或数据库，确定检索途径（检索字段）及检索方法（检索方式），形成检索标目（构造检索提问式）。

② 检索策略的调整：制定好检索策略后，检索任务只能算完成了一半，因在实际检索过程中，并非一次检索就会获得满意的检索效果。此时就需要及时采取补救措施，调整检索策略。检索策略的修改和调整，在实际操作上主要指数据库的选择和检索表达式的编制，前者取决于现有的数据库资源，后者则直接反映检索目标。一般情况下，若检出结果过多，就应在提高查准率上下功夫，主要从缩小检索（简称“缩检”）入手；如果检出篇幅过少，就应在提高查全率上下功夫，主要从扩大检索（简称“扩检”）入手。

1.2.6 检索结果

根据检索的内容和检索工具不同，检索结果可分为以下几种类型：

① 书目：从网络中选取的电子资源，通常为纸质书籍或论文，如果是论文，可能会有摘要、关键词等。

② 摘要：对文献内容的简要概述，一般不超过200字，以最简洁的方式介绍文献的主要内容。

③ 全文：一篇文章的精华部分，具有很高的参考价值。

④ 统计数据：通过对检索结果进行分析，可以了解文献被引的基本情况，反映出文献的社会影响、学术价值等。

1.3 信息素养

信息社会中，信息的获取、分析、处理、发布和应用能力将作为现代人最基本的能力和文化水平的标志，以计算机和网络技术为主的信息技术，已在社会各个领域中得到广泛应用，并逐步改变着人们的工作、学习和生活方式。在当今时代，信息资源异常丰富，如何开发和利用这些信息资源，是提高国民经济水平的关键之一。而信息素养是影响人们开发、利用信息资源的重要因素。

信息素养（information literacy, IL）是1974年美国信息产业协会主席保罗·泽考斯基（Paul Zurkowski）在给美国图书馆与信息科学委员会（National Commission on Libraries and Information Science, NCLIS）的报告中首先提出的概念。而对信息素养的概念进行准确表述的是来自美国图书馆协会1989年的定义，即具有信息素养的人能够判断何时需要信息，并懂得如何去获取、评价和有效地利用所需要的信息。进入20世纪90年代，随着网络技术的发展和以知识经济为主导的信息时代的到来，人们对信息素养的内涵又有了新的解读。布拉格会议将信息素养定义为一种能力，这种能力能帮助人们确定、查找、评估、组织和有效地生产、使用和交流信息来解决问题。20世纪90年代后，在教育学领域、图书馆学领域，信息素养已经成为研究的热点问题，越来越多的国家和组织机构开始重视信息素养。但直到21世纪，信息素养的研究才逐步趋于完善，它的内涵和外延也随着社会的进步与发展不断地得到丰富和扩展。

1.3.1　信息素养的内涵

信息素养是指人们对信息的认知、理解、选择、运用和评价的能力。它是一个人在信息社会生存和发展所必须具备的一种基本能力。

信息素养是个体利用信息技术所表现出来的一种综合素质，是通过教育而形成的一种素养，是每个人适应信息社会所必须具备的基本技能。

信息素养包括以下几方面：

① 掌握一定的信息技术基础知识和基本技能，具有运用计算机、网络等工具获取、存储、处理和利用相关信息资源的能力。

② 具备一定的信息意识，能正确地理解和运用各种相关的理论和技术来解决生活和工作中出现的问题。

③ 具有良好的信息道德修养，能够在信息化环境下正确处理与他人、社会及自我之间的关系，维护国家信息安全。

信息素养是一种能力，不是一种知识。在信息化社会中，每个人都可以通过学习掌握一定的信息技术，但却不一定能够成为一个合格的信息化社会公民。因为作为一个公民，除了具备必要的知识外，还必须具备一定的信息素养。

对于公民而言，培养自己良好的信息素养既是一种责任也是一种义务。因为只有这样才能适应社会发展对个人素质提出的要求。反之，如果一个公民不具备较高水平的信息素养，就很难在信息化社会中立足。

从本质上说，一个人是否有良好的信息素养主要取决于他对信息化环境下个人行为方式所产生后果——也就是所谓“负效应”（即所谓“社会成本”）是否能够承担得起。因为信息化时代是一个崇尚竞争、优胜劣汰、合作共赢的时代。

1.3.2　大学生提升信息素养的途径

随着信息时代的到来，大学生信息素养的重要性日益凸显。在学术、就业、生活等各个方面，具备高效的信息处理能力和良好的信息素养，对于大学生来说至关重要。

首先，在学术研究方面，信息素养高的大学生能够更快地获取、分析和整理相关领域的研究成果，为自己的论文和课题研究提供有力支持。在文献检索、数据挖掘等方面表现出较强的能力，有助于提高学术论文的质量。此外，信息素养还体现在对学术资源的合理利用上，遵循学术规范，尊重知识产权，避免抄袭、剽窃等不端行为。

其次，在实践能力方面，信息素养对于大学生创新创业和就业具有关键作用。掌握信息技术的最新发展动态，了解行业趋势，有利于捕捉到更多的商机。同时，具备较高的信息素养，可以使大学生在求职过程中更加主动，通过网络等渠道拓展就业渠道，提高求职成功率。

再次，在人际沟通方面，信息素养有助于大学生更好地融入社会。网络社交平台的普及，使人们之间的交流更加便捷。信息素养高的大学生能够更加熟练地运用各种沟通工具，与他人建立良好的关系，提升自己的人际交往能力。此外，在团队合作中，信息素养也有助于提高协作效率，实现优势互补，共同完成任务。

最后，在终身学习方面，信息素养是大学生适应社会快速发展的重要保障。随着科技的日新月异，掌握新知识、新技能已成为终身学习的必备条件。具备较高信息素养的大学生，能够自主学习，不断充实自己，为未来的职业发展奠定坚实基础。

信息素养的重要性不容忽视，大学生应适应信息时代的发展，不断自我挖掘，学习新知识，掌握新技术，开阔视野，努力提升自我信息素养。以下几方面，可以有效帮助大学生提升信息素养：

① 树立信息意识与情感，积极面对信息技术的挑战，不畏惧信息技术；以积极的态度学习操作各种信息工具。

② 了解信息资源并经常使用信息工具；能迅速而敏锐地捕捉各种信息，并把信息技术作为基本的工作手段。

③ 相信信息技术的价值与作用，了解信息技术的局限及负面效应从而正确对待各种信息；认同与遵守信息交往中的各种道德规范和约定。

④ 加强文献检索课程学习，提高信息获取与利用能力；加强其他网络信息、软硬件技术、专业应用程序的学习与应用，夯实信息技能。

⑤ 充分利用高校图书馆资源，包括图书（特别是电子图书）、硬件设备，学习前沿科技。

⑥ 积极参与各类课外活动，特别是校企合作信息系统课程，充分实践，在实际应用中对自身知识进行检讨与总结。

1.3.3 大学生信息素养提升在文献检索与利用中的体现

大学生在文献检索与利用的学习过程中，通过对文献信息知识的学习与理解，掌握检索文献的技能，同时具有分析、加工、评述、利用文献的能力，不断提高自学能力和独立研究的能力，从而提升个人信息素养。大学生个人文献检索能力评价标准见表1-1。

表 1-1 大学生个人文献检索能力评价标准

<table>
<tr><th>知识技能</th><th>评价标准</th></tr>
<tr><td>确认面临的问题中涉及的话题；确认关于某一话题的信息产生方，如学者、组织、政府及企业；确认可能记录上述信息的文献类型和范围</td><td rowspan="3">展现出思维的灵活性和创造性；认识到各种文献在内容和形式上有很大的不同，并且其相关性和价值也会因需要和检索性质的不同而差异很大</td></tr>
<tr><td>确定获取文献的检索策略</td></tr>
<tr><td>选择与文献需要和检索策略相匹配的检索工具；检索时运用发散（如头脑风暴）和收敛（如选择最佳信息资源）思维</td></tr>
<tr><td>根据检索结果设计和改进文献需要与检索策略</td><td rowspan="3">明白最初的检索尝试不一定可以得到满意的结果；寻求专家的指导，如图书馆员、研究人员和专业人士</td></tr>
<tr><td>理解文献检索系统（如已记载信息的收集）的组织方式，以便获取相关文献</td></tr>
<tr><td>使用不同类型的检索语言（如控制词表、关键词、自然语言）</td></tr>
<tr><td>管理检索过程和结果</td><td>明白浏览及其他偶然发现的文献收集方法的价值；坚持面对检索的挑战，并知道在拥有足够的信息时结束任务</td></tr>
</table>

思考与练习

一、判断题

信息是现代社会不可或缺的重要资源，需要及时更新和调整，它的价值和意义会随着时间的推移而发生变化。（　　）

二、单选题

1. 下列不属于信息检索系统的是（　　）。
   A. 北京大学图书馆官网上的馆藏书目查询系统
   B. 辽宁省博物馆馆藏的欧阳询《仲尼梦奠帖》
   C. 百度学术
   D. 国家知识产权局旗下的中国专利公布公告系统
2. 信息检索一般翻译为（　　）。
   A. information retrieval　　B. information literacy
   C. information evaluation　　D. information awareness

三、多选题

1. 良好的信息素养，可以帮助人们（　　）。
   A. 找到解决问题的方法和思路　　B. 起不到作用
   C. 提升解决问题的质量　　D. 培养终身学习的能力
2. 下列体现信息检索能力的有（　　）。
   A. 遇到事情，首先能够想到通过获取信息来解决
   B. 明确信息需求后，知道利用哪个系统查找信息
   C. 检索信息的过程中，能够利用检索技巧提升检索效率
   D. 能对找到信息进行评价

四、简答题

1. 如何将知识转化为智慧？
2. 如何提取关键词？如何制定检索策略，以便获取信息？
3. 试着评价自己的信息素养能力。

第2章 信息资源

有学者曾对信息资源做这样的定义：人类社会所拥有的，能够在不同时空中共享的所有资源。

从字面上看，信息资源是一种很容易理解的概念，如书籍、报刊、电视、广播、杂志等。这些资源可以在不同时空中共享，比如在某个时空中看了一本书，那么在其他时空中也可以看到这本书。但从另一个角度来看，信息资源却不是那么容易获取的。因为每个人获取的信息都是有限的，总有一些人比你知道更多的东西。

要获取信息资源，首先要有信息采集和加工的能力。采集和加工信息需要知识、经验、技能、想象力、逻辑推理能力等；信息共享则需要拥有相应的资源，如计算机、网络等；信息传播需要传播渠道，如报纸、电视等；而信息应用就是对这些信息资源进行运用。比如，报纸上看到了一则消息："我国脱贫攻坚战取得全面胜利，区域性整体贫困得到解决，完成了消除绝对贫困的艰巨任务。"你能马上知道这则消息吗？你会怎样分析这则消息？

对这些问题的回答就是对这则消息的加工和使用。如果对这些问题都不知道答案，就很难真正了解这则消息。

当然，如果在获取信息资源方面不具备相应能力，就无法有效地利用信息资源。比如，在学校学习时，老师给学生布置了很多作业，如果一个人对这些作业没有了解，就很难有效地利用这些作业。再如，在职场上和人打交道时，如果不知道对方的信息资源是什么，就很难有效地交流和合作。

本章将阐述信息资源的分类，探讨图书馆这一信息资源密集领域的特性，同时分析网络信息资源、纸质图书、报纸和期刊等不同类型的信息资源。不同类型的信息资源各具特点，用户在实际应用中应根据需求和场景选择合适的信息资源。同时，随着信息技术的不断发展，信息资源的形态和获取方式也在不断演变，我们需要紧跟时代步伐，充分利用各类信息资源，进行学习和钻研。

2.1 信息资源的获取

信息资源是信息的源头，是获取信息的来源，所以掌握了信息资源的来源就掌握了获取信息的方法。

1. 直接来源

直接来自人们身边或者人们感兴趣的人和事。例如，若有朋友在医疗机构工作，就可以直接向他们请教或在社交平台上关注他们的动态，以了解医院近期发生的事件，或者访问医院官方网站以获取相关资讯。

2. 间接来源

通过别人间接获取到的信息。例如，通过搜索一些公众号文章；通过搜索引擎获取信息。

3. 新闻来源

媒体报道的信息。例如，新闻联播、人民日报等权威媒体报道的新闻。

4. 社交媒体

微信、微博等社交媒体发布的信息。例如，微博上发生了什么事，微信朋友圈里看到了什么动态。

5. 官方发布

权威机构发布的官方消息。例如，国家统计局发布了2023年我国经济相关数据，中央电视台公布了2023年我国经济数据，国务院办公厅发布了2023年全国政策报告及市场主体状况等，这些都是官方机构发布的消息。

6. 付费资源

各种知识付费平台、自媒体等提供的信息。例如，“得到 App”上的《李翔知识内参》，公众号“得到”上各种专栏等。

7. 个人搜集

通过各种途径获得到信息，如书籍、公众号文章、网上搜索等。

8. 其他

通过自己思考而得来信息。例如，从自己所学专业中得到专业知识；通过看书、看文章、听讲座等方式得来信息；通过与人聊天获取信息；通过在互联网上搜索信息获得信息；通过某些媒体获取信息；通过自己思考获取信息；通过其他方式获取信息。

人们通过各种渠道获得信息资源，信息资源最集中的地方无疑就是各个大小图书馆，拥有丰富的馆藏资源，有纸质资源也有电子资源，因此下面专门介绍一下图书馆。

2.2 图　书　馆

图书馆是一个充满知识与智慧的地方，既是人们寻求知识、提升自我的场所，也是我国文化事业的重要组成部分。本节将探讨图书馆的概念、分类、起源、发展、业务、功能及其在我国社会中的重要地位。

2.2.1　图书馆的定义及分类

1. 图书馆的定义

图书馆是搜集、整理、收藏图书馆资料供人阅览、参考的机构，有保存人类文化遗产、开发信息资源、参与社会教育等职能，其核心任务就是把文献资源提供给读者。

2. 图书馆的分类

目前，我国形成了由公共图书馆、学校图书馆、专业图书馆、特色图书馆共同构成的图书馆体系。人们通常认为公共图书馆、专业图书馆、学校图书馆是整个图书馆的主要组成部分。

在我国，还有其他的图书馆分类方式：

① 按图书馆的管理体制或隶属关系划分，可分为文化系统图书馆、教育系统图书馆、科学研究系统图书馆、工会系统图书馆、共青团系统图书馆、军事系统图书馆等。

② 按馆藏文献范围划分，可分为综合性图书馆、专业性图书馆等。

③ 按用户群划分，可分为儿童图书馆、盲人图书馆、少数民族图书馆等。

④ 按图书载体划分，可分为传统图书馆、数字图书馆、移动图书馆等。

2.2.2 图书馆的起源和发展历史

图书馆的起源可以追溯到古代文明时期，如古希腊国家图书馆。在我国，图书馆的历史同样悠久，当时的诸侯国君普遍重视文化教育，纷纷设立图书馆以收藏经典文献。随着历史的发展，图书馆逐渐演变成为公共知识服务平台，为广大民众提供知识资源。

1. 国际

早在公元前3000年，巴比伦的神庙中就收藏有各类刻在胶泥板上的记载。最早的藏书地点是希腊神庙的藏书之所和附属于公元前4世纪希腊哲学书院的藏书之所。

最早的图书馆——根据考古学家的发掘成果，已知世界上最早的图书馆是美索不达米亚平原的尼尼微图书馆（亚述帝国的国王亚述巴尼拔建立，所以又称亚述巴尼拔图书馆）。这是现今已发掘的古文明遗址中保存最完整、规模最宏大、书籍最齐全的图书馆。在时间上要比埃及著名的亚历山大图书馆（古代最大图书馆）早400多年，而且由于泥版图书的特殊性，没有像亚历山大图书馆一样毁于战火，大部分都保存了下来。

2. 国内

我国的图书馆历史悠久。只是起初并不称作“图书馆”，而是称为“府”“阁”“观”“台”“殿”“院”“堂”“斋”“楼”。例如，西周的盟府，两汉的石渠阁、东观和兰台，隋唐的观文殿，宋朝的崇文院，明代的澹生堂，清朝的四库七阁等。

“图书馆”一词是日语借词，其首次文献记录是在1877年；而最早在我国文献中出现，当推《教育世界》第62期中所刊出的一篇《拟设简便图书馆说》，时为1903年。

2.2.3 图书馆的业务工作

图书馆的业务工作是由很多相互联系的工作环节组成的，包括文献的收集、整理、典藏，以及图书馆业务工作的核心——服务四个部分，这四个部分在图书馆业务工作中起着至关重要的作用。

1. 文献收集

文献收集是整个图书馆工作的基础。图书馆员首先要明确本馆的收藏原则、收藏范围、收藏重点和采选标准，了解本馆馆藏情况、文献的种类与复本数、各类藏书的利用率和使用寿命、哪些书刊可剔除（见藏书剔除）、哪些书刊要补缺等，此外还需要掌握出版发行动态。然后以采购、交换和复制等各种方式补充馆藏。

2. 文献整理

文献整理包括文献的分类、主题标引、著录和目录组织等内容。文献分类不仅为编制分类目录和文献排架提供依据，也便于图书馆统计、新书宣传、参考咨询和文献检索等。文献主题标引是根据文献内容所讨论的主题范围，以主题词来揭示和组织文献的。文献分类和主题标引是揭示文献内容的重要手段，文献著录则是全面地、详尽地揭示文献形式特征和内容特征的主要手段，它便于读者依据该文献的各种特征确认某种文献，获得所需文献的线索。图书馆员把各种款目有序地组织成图书馆目录（见目录组织法）以揭示图书馆馆藏。图书馆目录是检索文献的工具，也是打开图书馆这个知识宝库的钥匙。

3. 文献典藏

文献典藏主要包括书库划分（见馆藏组织）、图书排列（见同类图书排列法）、馆藏清点和文献保护等。其中，文献保护是一项专门技术，包括图书装订、修补、防火、防潮、防光、防霉和防虫，以及防止机械性损伤等。

4. 图书馆服务

图书馆服务工作是一项开发利用图书馆资源的工作，包括发展读者（如发放借书证）、读者研究、文献流通和推广服务（包括文献外借、阅览服务、文献复制服务、馆际互借、流动图书馆服务等）、馆藏报道、阅读辅导、参考咨询和文献检索、读者教育等。

图书馆业务工作的四个环节是一个有机整体，每个环节都为实现图书馆的使命和目标服务，相互依赖、相互促进。图书馆工作人员应具备高度的责任感和敬业精神，努力提高业务水平，为读者提供更好的服务。在信息化、网络化、智能化的新时代，图书馆工作人员还需要关注技术的发展，积极创新服务模式，以满足读者日益增长的精神文化需求。在这个过程中，图书馆事业必将不断发展壮大，为我国的文化建设和教育事业做出更大的贡献。

2.2.4 图书馆的功能

1. 保存文化遗产

自从有了人类社会，便产生了文字，用来记录这些文字的载体，图书也就应运而生。它记载了从古至今人类历史的发展和演变。图书馆的功能之一，就是要收集、加工、整理、科学管理这些珍贵的文献资源，以便广大读者借阅使用。图书馆是作为保存各民族文化财富的机构而存在的，它担负的保存人类文化典籍任务是图书馆最古老的职能。它是以文献为物质基础而开展业务活动的，但是由于计算机网络化的实现以及科学技术的突飞猛进，图书馆不但保存手写和印刷的文献，还保存其他载体形式的资源，而且保存的目的是更好地使用。

2. 开发信息资源

图书馆收藏着大量的文献信息资源，积极地开发、广泛地利用这些文献资源是图书馆的重要职能之一，也是图书馆承担各种职能的基础。由于当今社会文献的生产数量大、增长快，社会文献的类型复杂、形式多样，文献的时效性强，文献的传播速度加快，文献的内容交叉重复，文献所用语种在扩大，质量下降等特点，人们普遍感到利用起来十分不容易。图书馆通过对文献信息资源进行加工整理、科学分析综合指引，形成有秩序、有规律、源源不断的信息流，进行更加广泛的交流与传递，使读者更好地利用它们。图书馆的文献资源开发包括以下几项内容：

① 对到馆的文献进行验收、登记、分类、编目、加工，最后调配到各借阅室，以便科学排

架，合理流通。

② 对馆外文献信息资源进行搜索、过滤，成为虚拟馆藏，形成更加宽广、快捷的信息通道。

③ 通过最现代化的手段——计算机网络操作技术使馆藏文献走向数字化。

3. 社会教育

（1）思想教育的职能

图书馆是文献信息资源的集散地、是传播文献信息资源的枢纽。在馆藏建设上，不同的国家、不同的阶级都有一定的原则和倾向。

我国图书馆在思想政治教育方面的职能旨在引导和辅助读者树立正确的世界观、人生观、价值观，奠定科学理论基础。图书馆管理人员应始终保持警惕，充分发挥思想政治教育宣传阵地的作用，践行服务育人的神圣职责。

（2）两个文明建设的教育职能

图书馆是人类文明成果的集散地，肩负着重要的教育职能作用。

图书馆的丰富馆藏，可以向读者提供文献信息服务，把精神化成物质；可以通过对馆藏的遴选、加工、集萃，向读者提供健康有益的精神食粮。图书馆可以通过画廊、墙报、学习园地等各种活动大力宣传两个精神文明建设。

（3）文化素质的教育职能

图书馆进行社会教育，主要表现在可以为社会、为读者提供最完备的学习条件：资源、场地、设备。受教育者可以长期、自由地利用图书馆进行自学。此外，图书馆还是学校教育的重要组成部分，在学校，图书馆是基本的教育设施，被誉为“知识的宝库、知识的喷泉”“大学的心脏”“学校的第二课堂”，直接承担着培养人才的重任。

图书馆向社会所有成员敞开大门，教育他们如何才能获取文献资源的过程和方法，掌握进行终身学习所必需的技能。

（4）丰富群众文化生活的职能

丰富群众的文化生活也是教育职能的组成部分。健康的文化娱乐是人类社会生活中不可缺少的组成部分。图书馆是社会文化生活中心之一，在传播文化、活跃群众业余文化生活方面具有很重要的地位和作用。人们可以从图书馆里借自己喜爱的图书细细品味；也可以到阅览室里随便翻翻报纸、看看画报，欣赏一下美术作品，享受读书之乐；还可以到计算机网络中心上网进入聊天室聊天，给亲朋好友发电子邮件，等等。

2.2.5 图书馆在我国社会中的重要地位

图书馆在我国社会中具有举足轻重的地位。首先，图书馆是弘扬中华民族优秀传统文化的重要场所，对于传承民族精神、增强民族凝聚力具有重要意义。其次，图书馆是提高全民素质的重要途径，为广大民众提供免费的知识资源，有助于提高国民教育水平。最后，图书馆是推动科技创新和文化发展的重要力量，为各类人才提供丰富的信息资源，助力国家经济建设和社会发展。

2.2.6 图书馆的现代化发展

随着科技的进步，图书馆也逐渐走向现代化。现代化图书馆以数字化、网络化为特征，不仅拥有丰富的实体文献资源，还拥有海量的电子资源。此外，现代化图书馆还重视智能化、个性化服务，如自助借还书、线上预约、个性化推荐等。这些变革使得图书馆的服务更加便捷、高效，满足了新时代人们对知识的需求。

图书馆作为知识宝库和智慧源泉，在我国社会发展中发挥着不可替代的作用。随着科技的不断进步，图书馆将继续为广大民众提供更加优质、便捷的服务，助力我国文化事业的繁荣发展。

2.3　网络信息资源

图书馆的“馆藏”由印刷型馆藏（图书、期刊、本校学位论文、会议论文、各种研究报告、标准规范等）和数字馆藏（电子图书、电子期刊等网络付费资源）两部分组成。其中，数字馆藏就属于网络信息资源。

网络信息资源是指利用计算机系统通过通信设备传播和网络软件管理的信息资源，包括电子图书、商业信息、新闻、软件、数据库和生活、娱乐信息、教育科研、军事政治、农业生态等内容。

2.3.1　网络的基本知识

网络是由计算机、手机等终端设备通过互联网、无线通信等技术手段相互连接，以实现数据传输、资源共享和通信交流的系统。网络可以表现为局域网、城域网或广域网，其规模涵盖从小型办公室至大型跨国公司，乃至全球互联网。在此过程中，IP 地址和网络资源文件等发挥着重要作用。

1. IP 地址

IP（internet protocol）是一种用于地址标识技术的互联网协议，是互联网上计算机之间的路由选择，可把不同网络的物理地址转换为互联网地址。IP 地址是识别主机的身份证，具有唯一性，分为数字型和字符型两种。

2. 网络资源文件

一般来说，信息资源都是以文件的形式存放的。这些文件包括视频、音频、图片、文本等。文件名由文件主名和扩展名组成，中间用“ . ”连接。文件主名可以由用户自行确定，扩展名则用来标明文件的类型，一般来说它是固定的，随意地改变扩展名会改变文件的类型，造成文件打开失败。常见文件类型、说明及打开工具标注了各类型文件及其打开方式，见表2-1。

表 2-1　常见文件类型、说明及打开工具

扩 展 名	文件类型及说明	打 开 工 具
com、exe	可执行程序文件	—
bat	批处理文件	文本编辑器
c、bas、asm	用程序设计语言编写的源程序文件	—
obj	源程序文件编译后产生的目标文件	—
doc、xls、ppt	MS Office 文档文件	文本编辑器

续表

扩 展 名	文件类型及说明	打 开 工 具
bmp、jpg、gif	不同格式的图像文件	图像编辑器
wmv、rm、qt	能通过Internet播放的流媒体文件	Realplayer音频、视频播放器
zip、rar	压缩文件	文件解压器
wav、mp3、mid	不同格式的音频文件	音频播放器
htm、asp	网页文件	IE、网络编辑器

2.3.2 网络信息资源定义

网络信息资源是指所有以电子数据形式把文字、图像、声音、动画等多种形式的信息存储在光、磁等非纸介质的载体中，并通过网络通信、计算机或终端等方式再现出来的资源。

作为知识经济时代的产物，网络信息资源也称虚拟信息资源，它是以数字化形式记录、以多媒体形式表达的，存储在网络计算机磁介质、光介质以及各类通信介质上的，并通过计算机网络通信方式进行传递信息内容的集合。

简而言之，网络信息资源就是通过计算机网络可以利用的各种信息资源的总和。目前网络信息资源以因特网信息资源为主，同时也包括其他没有连入因特网的信息资源。它具有与传统的信息资源不同的鲜明特点：

① 数量庞大、增长迅速。

② 内容丰富、覆盖面广。

③ 传输速度快。

④ 共享程度高。

⑤ 使用成本低。

⑥ 变化频繁、难测。

⑦ 质量良莠不齐。

正是这些特点使得网络信息资源在信息时代中占有很重要的地位。可以说，无所不在的网络信息资源的充分利用进一步促进了信息时代的发展，但是它在带给人们充分的信息价值的同时也产生了一系列问题，例如虚假信息的发布导致的网络信息资源的失真性、黑客的攻击导致的一些机密信息的泄露，等等。因此，如何更好地解决网络信息资源使用的安全问题显得日益重要。

2.3.3 网络信息资源种类

网络信息资源的种类很多，根据不同的分类标准，可以将网络信息资源分为不同的类型：

① 网络信息资源从内容范围上可以分为五个大类：学术信息、教育信息、政府信息、文化信息、有害和违法信息等。

② 按信息资源提供信息的加工深度分，可分为一次信息资源、二次信息资源、三次信息资源等。

③ 依据信息资源的信息内容则可将网络信息资源分为以下类型：一是联机数据库，即各类数据库是联机存储电子信息资源的主体；二是联机馆藏目录；三是电子图书；四是电子期刊；

五是电子报纸；六是软件与娱乐游戏类；七是教育培训类；八是动态性信息。

④ 从对网络信息资源的可使用程度以及网络信息资源的安全级别划分可以将它分为三类：

- 完全公开的信息资源：这一类信息资源每个用户均可使用，例如各类网站发布的新闻和可以通过免费注册而获得的信息等。
- 半公开的信息资源：这一类信息资源可以有条件地获得，例如通过注册以后通过缴纳一定的费用才可以获得较有价值的符合自己需要的信息资源等。
- 不对外公开的信息资源（机密信息资源）：这一类信息资源只提供给有限的具有一定使用权限的高级用户使用，例如各军事机构和跨国公司等内部的通过网络交流的机密情报和信息等。

对于以上三类网络信息资源均面临着不同的安全问题，都需要通过一定的措施来保证信息的准确性、完整性和实时性。

2.4　纸质资源

纸质资源主要包含图书、期刊、报纸。为了方便读者检索文献，按一定的规则对文献进行目录编制，通常称为文献著录。为了更好地了解纸质资源，下面先对文献著录进行简单介绍。

2.4.1　文献著录

文献著录指的是在编制文献目录时，对文献内容和形式特征进行分析、选择和记录的过程。

文献指的是记录知识的一切载体（纸张、胶片、磁带等）。

目录指的是将一批款目（反映文献内容和形式特征的著录项目的组合，即文献著录的结果）按照一定的次序编排而成的一种文献报道和检索工具。

文献的目录是图书情报单位对文献进行报道和检索的工具。它是由各种款目组成的，而每一种款目又是通过文献内容特征和形式特征的著录所形成的。

可见，文献的著录与编制文献的检索工具是密切相关的。检索工具的质量，除了取决于它所反映的文献品种和组织方法外，还取决于文献著录的质量。因此，对每一种文献还要进行内容特征和形式特征的记录，才能达到文献报道和信息传递的目的。

文献著录的基本方法，包括文献著录的依据、文献著录标目与著录格式、文献著录项目（即著录内容）和文献著录用标识符号与著录用文字。

1. 文献著录依据

① 国际标准：ISO 690《信息与文献——参考文献著录规则》和ISO 690-2《信息与文献——参考文献著录规则　第2部分：电子文献》是国际上广泛认可的文献著录标准。

② 国内标准：GB/T 7714《信息与文献　参考文献著录规则》是我国现行的推荐性国家标准，规定了文后参考文献的著录项目、顺序、标识、格式等。

③ 学科领域标准：各学科领域可根据自身特点制定相应的文献著录规范，如MLA、APA、Chicago等。

2. 文献著录标目与著录格式

① 标目：文献著录中的标目包括责任者、题名、版本、出版项、日期、载体类型等。

② 著录格式：根据不同的文献类型，有著录格式的要求，如书籍、期刊文章、会议论文、学位论文等。

3. 文献著录项目（即著录内容）

用来描写文献的内容特征与形式特征的项目称为文献著录项目。反映文献各种特征的项目，可参考国家标准——《信息与文献　资源描述》（GB/T 3792—2021）。

4. 文献著录用标识符号与著录用文字

① 标识符号：用于表示文献类型、文献序号等，如阿拉伯数字、罗马数字、字母等。

② 著录用文字：著录文献时应使用规范的文字，如中文、英文、法文等。同时，应注意文字的书写格式、大小写、标点符号等。

掌握文献著录的基本方法，对于查找、分析和利用文献具有重要意义。在进行文献著录时，要遵循相应的标准和规范，确保著录内容的准确性、完整性和规范性。

2.4.2 图书

1. 图书的概念及构成要素

（1）图书的概念

图书是以传播知识为目的，用文字或其他信息符号记录于一定形式的材料之上的著作物。图书是人类社会实践的产物，是一种特定的不断发展着的知识传播工具。“图书”一词最早出现于《史记·萧相国世家》，刘邦攻入咸阳时，“何独先入收秦丞相御史律令图书藏之。沛公为汉王，以何为丞相。……汉王所以具知天下厄塞，户口多少，强弱之处，民所疾苦者，以何具得秦图书也”。这里的“图书”指的是地图和文书档案，和今天所说的图书是有区别的。

直到今天，图书仍有广义和狭义之分。在实际生活中，经常会遇到这样一些有趣的现象：对于“图书馆”和“图书情报工作”等概念来说，“图书”是广义的，泛指各种类型的读物，既包括甲骨文、金石拓片、手抄卷轴，又包括当代出版的书刊、报纸，甚至包括声像资料、缩微胶片（卷）及机读目录等新技术产品；而在图书馆和情报所的实际工作中，人们又把图书同期刊、报纸、科技报告、技术标准、视听资料、缩微制品等既相提并论，又有所区别。在前者与后者有所区别时，图书所包括的范围就大幅缩小了，这是狭义的“图书”。

（2）图书的构成要素

图书作为知识的载体，其结构组成丰富而严谨。一般来说，一本图书由以下七个主要部分构成：封面、扉页、版权页、前言、目录、正文和参考文献。

首先，了解一下图书的“外在包装”——封皮，也称为封衣。封皮主要包括封面（封一）、前封里（封二）、后封里（封三）、封底（封四）、书脊，以及部分平装书的勒口。封面作为图书的“门面”，往往承载着图书的主题和风格，吸引读者的目光。

接下来是书名页，这是指位于图书正文之前，载有完整书名信息的书页。书名页主要包括主书名页和附书名页，它们向读者展示了图书的正式名称，有助于区分同类图书。

封面和书名页共同构成了图书的“脸面”，它们承载了图书的重要信息，是区分其他图书的关键要素。就像人的脸一样，封面和书名页展现了图书的个性，让读者一眼就能认出它。

在图书的内部结构中，前言、目录、正文和参考文献等部分严谨有序。前言一般包括作者对图书的主题阐述、研究背景介绍等，为读者预览图书内容提供参考。目录则是对图书结构的梳理，方便读者快速定位感兴趣的部分。正文是图书的核心内容，是作者观点和研究成果的呈现。参考文献则是正文的延伸，为读者提供进一步阅读的线索。

总的来说，图书的结构组成犹如一部交响乐，各个部分相互配合，共同演绎出知识的旋律。封面、书名页、前言、目录、正文和参考文献等环节，既有各自的功能，又相互关联，为读者提供了一部完整的知识盛宴。在翻阅图书时，通过简要翻阅书名页，可迅速定位与主题相关的篇章。书名页信息也是图书质检的重要内容。

图书正文之前载有完整书名信息的书页，包括主书名页和附书名页。

① 主书名页：载有本册图书书名、作者、出版者、版权说明、图书在版编目数据、版本记录等内容的书页，包括扉页和版本记录页。

② 附书名页：载有多卷书、丛书、翻译书、多语种书等有关书名信息的书页，位于主书名页之前。

一般图书为了简化、节约成本都不设附书名页，但对于大部头的图书，为了记录信息完整必须设附书名页。

附书名页的信息一般列载于双数页码面，与扉页相对。必要时，可以使用附书名页单数页码面，或增加附书名页。

不设附书名页时、附书名页的书名信息需列载于扉页上。所以，现在有很多小部头的丛书、不设附书名页，而把附书名页的书名信息列载于扉页上。

附书名页内容可能包括：

- 丛书信息：列载丛书名、丛书主编。
- 多卷书信息：列载多卷书的总书名、总卷数、主编或主要作者。
- 翻译书信息：列载翻译书的原作者、作者、出版者的原文、出版地、出版年及原版次，原版权说明，原作的ISBN。
- 多语种书信息：列载多语种书的第二种语种及其他语种的书名、作者、出版者。
- 会议记录信息：列载会议名称、届次、日期、地点、组织者。

2. 在版编目数据

图书在版编目（cataloguing in publication, CIP），是指图书在编辑出版过程中，先由图书馆或其他部门根据出版机构的出版物校样进行编目，然后再由出版社将编目资料印刷在图书上，使图书馆的编目资料能同时为出版机构、图书馆、文献发行部门所利用。

图书在版编目数据（CIP data），顾名思义即指在图书出版过程中编制，并印制在图书上的书目数据，如图2-1所示。

图书在版编目(CIP)数据
时间简史 ： 插图版 ：蒙古文 /（英）史蒂芬·霍金著 ; 许明贤, 吴忠超译 ; 思和汉译蒙. -- 赤峰 ： 内蒙古科学技术出版社，2021. 7. -- ISBN 978-7-5380-3309-0
Ⅰ. P19-49
中国国家版本馆CIP款据核字第20211269A2号

图 2-1　图书在版编目数据样例（GB/T 12451—2023）

2001 年 12 月 19 日，中华人民共和国国家质量监督检验检疫总局发布了由全国信息与文献工作标准化技术委员会出版物格式分委员会提出的《图书在版编目数据》（cataloguing in publication data in the book）国家标准（GB/T 12451—2001）。2023年9月7日，国家市场监督管理总局和国家标准化管理委员会批准发布《图书在版编目数据》（GB/T 12451—2023），该标准于2024年4月1日起实施并全部替代GB/T 12451—2001。

该标准规定了图书在版编目数据的内容和选取规则及印刷格式，应用于在出版过程中的图书编制书目数据。

《图书在版编目数据》标准详细规定了图书在版编目数据的内容，将其分为描述数据和检索数据两部分。具体如下：

（1）描述数据

① 书名和责任说明项

书名和责任说明项包括以下内容：

a. 书名信息：

- 正书名；
- 交替书名；
- 并列书名；
- 其他书名信息；
- 分册（辑）书名。

b. 责任说明：

- 第一责任说明；
- 其他责任说明。

② 版本项

版本项包括以下内容：

a. 版本说明；

b. 附加版本说明。

③ 出版项

出版项包括以下内容：

a. 出版地；

b. 出版者；

c. 出版日期；

d. 合作出版地；

e. 合作出版者；

f. 重印日期。

④ 载体形态项

载体形态项包括以下内容：

a. 物理单元的数量；

b. 其他形态细节；

c. 尺寸；

d. 附件。

⑤ 从书项

从书项包括以下内容：

a．丛书名；

b．丛书其他书名信息；

c．丛书责任说明；

d．丛书编号；

e．分丛书名；

f．分丛书编号。

⑥ 附注项

附注项包括以下内容：

a．对描述数据各项的附加说明；

b．内容提要。

⑦ 标准书号和获得方式项

标准书号和获得方式项包括以下内容：

a．标准书号按照GB/T 5795执行；

b．获得方式说明由价格构成，价格使用阿拉伯数字描述，货币代码按照GB/T 12406的规定描述。

（2）检索数据

本文件提供图书内容的主题检索点和分类检索点。包括：

a．标引词；

b．分类号。

在上述内容的基础上，这里进一步阐述关于（论文）参考文献的著录格式，如图2-2所示。参考文献是学术论文的重要组成部分，它能够支撑论文的研究观点，展示作者在研究过程中借鉴了他人的研究成果。因此，掌握参考文献的著录格式至关重要。

> [序号] 主要责任者. 题名:其他题名信息[文献类型标识]. 其他责任者. 版本项. 出版地:出版者，出版年:引文页码[引用日期]. 获取和访问路径. 数字对象唯一标识符。
>
> 例如:
>
> [1] 许厚泽. 长江流域洪涝灾害与对策[M]. 北京:中国社会科学出版社，1994.

图2-2　（论文）参考文献的著录格式

3. 中国图书馆图书分类法

历史沿革：西汉时期刘向、刘歆父子等编撰了宫廷藏书目录《别录》《七略》，创立了七分法。至魏晋南北朝逐渐形成了以经、史、子、集类分图书的四部法。到清末民初，四部法一直是中国图书分类的主要分类体系。甚至直到今天，一些大型图书馆古籍仍用四部法分类。

《中国图书馆图书分类法》（简称《中图法》）5大部类22小类，于1971年由北京图书馆牵头，全国36个单位组成“图书分类法”编写组，于1975年编辑出版而成。经过20多年的不断修改，《中图法》于2010年已发行第5版。

《中图法》把哲学、社会科学、自然科学作为三个部类，而马列主义毛泽东思想作为一个基本部类列于首位。此外，考虑到图书本身的特点，将一些内容庞杂、类无专属的图书作为综合性图书，列为一个基本部类，置于最后，这就构成了《中图法》的基本序列。

《中图法》的分类体系主要包括以下三部分：

（1）类目表

在《中图法》的分类体系中，类目表是核心部分。它按照知识体系的层次结构和逻辑关系，将各个部类和子部类有序地组织起来，形成一个严密的分类体系。用户可以通过类目表，快速定位到自己需要的知识领域，从而更加高效地获取相关信息。它由主表和复分表组成，如图2-3所示。

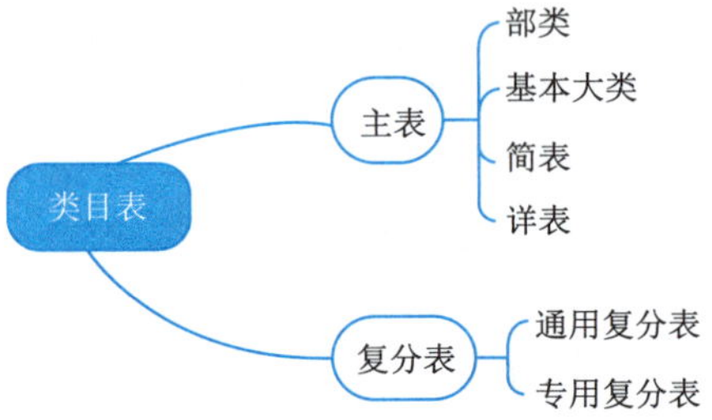

图2-3　类目表

（2）分类序列

分类序列是《中图法》的具体实施步骤，它依据类目表将图书进行分类，形成了一个有序的分类序列。这一序列不仅体现了知识的内在逻辑关系，也符合人们认知世界的规律。

《中图法》包括马列主义、毛泽东思想、邓小平理论，哲学，社会科学，自然科学，以及综合性图书五大部类，如图2-4所示。《中图法》使用字母与数字相结合的混合号码，基本采用层累制编号法，图2-5所示为《中图法》分类号示例。

图2-4　《中图法》五大部分类序列

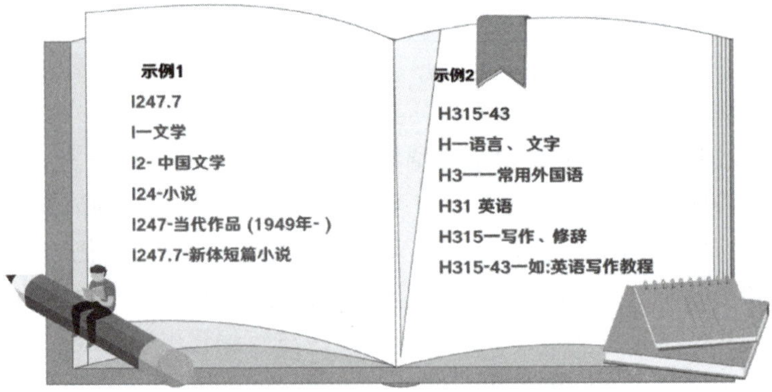

图2-5　《中图法》分类号示例

《中图法》（第五版）在五大部类的基础上，组成22个基本大类，见表2-3。

表 2-3　《中国法》22 个基本大类

类别号	类　别	类别号	类　别
A	马列主义、毛泽东思想、邓小平理论	N	自然科学总论
B	哲学、宗教	O	数理科学和化学
C	社会科学总论	P	天文学、地球科学
D	政治、法律	Q	生物科学
E	军事	R	医药、卫生
F	经济	S	农业科学
G	文化、科学、教育、体育	T	工业技术
H	语言、文字	U	交通运输
I	文学	V	航空、航天
J	艺术	X	环境科学、安全科学
K	历史、地理	Z	综合性图书

（3）索书号

索书号（call number）也称为书码或索取号，由类号和书号组成，必要时加冠号。它表明藏书的排索位置，是图书馆排书、检书、借书、还书、登记统计的编码，是文献外借和馆藏清点的主要依据。它一般由分行排列的几组号码组成，常被印在目录卡片的左上角、书脊下方的书标上，以及图书书名页或封底的上方。一个索书号只能代表一种书。

索书号是图书馆赋予每一种馆藏图书的号码，这种号码具有一定结构并带有特定的意义。在馆藏系统中，每种书的索书号是唯一的，可以准确地确定馆藏图书在书架上的排列位置，是读者查找图书的必要代码信息。

① 索书号的组成。通常情况下，索书号由两部分组成：分类号和书次号。

索书号的第一部分是根据图书的学科主题所取用的分类号码。分类号依据《中国图书馆图书分类法》取号。

索书号的第二部分是按照图书作者姓名所编排的著者号码，或者是按照图书进入馆藏时间的先后所取用的顺序号码。通过采用著者号码，一位作者所著的同一学科主题的图书会被集中在一起，也方便了读者查找资料，如图2-6所示。

《信息系统项目管理师教程》（第 3 版）
G202/T140/=3
谭志彬，柳纯录主编

图 2-6　索书号

著者号：按照图书作者姓名所编排的著者号码，通过采用著者号码，一位作者所著的同一学科主题的图书会被集中在一起，方便了读者查找资料。著者号由第一责任@拼音首字母（限1个）和3位阿拉伯数字组成。

种次号：按照图书进入馆藏时间的先后所取用的顺序号码，具有相同分类号的图书的流水次序号，由1~3位阿拉伯数字组成。

② 索书号的分类。由于图书馆藏书排架方法基本上可分为分类排架和形式排架两大类，因此，索书号也基本上可分为分类索书号和形式索书号两大类。

图书分类索书号主要可分为以下四种：分类/著者字顺索书号、分类/书名字顺索书号、分类/年代顺序索书号、分类/图书编目次序索书号。在实际应用中，比较常见的是分类/著者字顺索书号和分类/图书编目次序索书号。图2-7所示为常见的分类索书号示例。

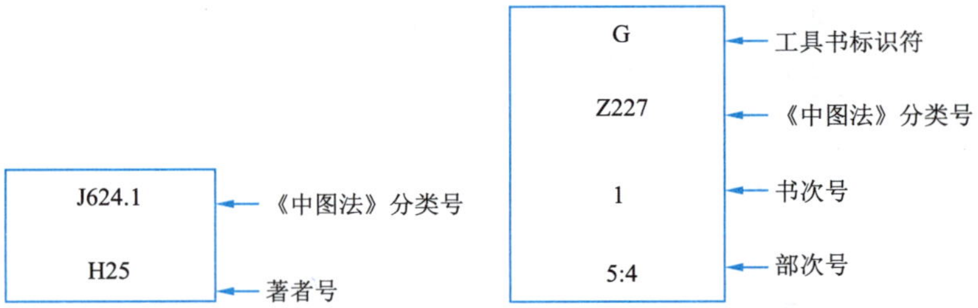

（a）分类/著者字顺索书号　（b）分类/图书编目次序索书号

图2-7　分类索书号示例

它们的结构大体相同，都由两个基本部分组成：一部分为分类号，列于上行；另一部分为书次号，即著者号、书名编号、图书出版年代号、该类图书编目先后次序号，列于分类号下一行。少数图书，索书号仅由上述两个基本部分组成，但对大多数图书，为了使索书号具有专指性，还必须根据具体情况附加下列符号：

① 附加书名号：仅加于著者号后面，以区别同类中同一著者的不同著作。

② 版次号：加在著者号或书名号的下一行，以区别同一著作的不同版本。

③ 册次号或部次号：加在著者号等四种号码的下一行，以区别多卷书的不同卷册及同一书的不同副本。

此外，必要时还须在分类号上面附加文种号（用以区别外文书）、文献类型标识符（如工具书标识符）或特藏号。

形式索书号主要有财产登记号索书号和架层编号索书号。前者是用图书的财产登记号做索书号，如B0212388；后者则以一书所在书架的架号、层号和书序号组成的编号做索书号，如001-1-015，表示第一架1层的15号。这两种索书号在必要时须再附加文种号和工具书标识符。此外，形式索书号也可以直接利用文献自身的编号，如用国际标准书号（ISBN）、标准文献的编号、科技报告号等作为索书号。形式索书号的结构虽然比分类索书号简单，但不能揭示图书的学科属性。

总而言之，《中图法》是一种科学、合理、实用的图书分类法，它在我国的图书馆事业中发挥着重要的作用。通过对知识的有序分类，它为我国广大读者提供了便利，促进了知识的传播和交流。

2.4.3　期刊

1. 期刊的定义

期刊为定期出版的刊物，如周刊、旬刊、半月刊、月刊、季刊、半年刊、年刊等，由依法设立的期刊出版单位出版。期刊出版单位出版期刊，必须经新闻出版总署批准，持有国内统一连续出版物号，领取《期刊出版许可证》。

2. 期刊的起源与发展

这种类似于报纸注重时效的手册，兼顾了更加详尽的评论。

其中最早出版的一本期刊是于1665年1月在阿姆斯特丹由法国人萨罗出版的《学者期刊》（*Le Journal des Savans*）。

中国最早的期刊为德国汉学家郭实腊1833年7月在广州创办的《东西洋考每月统记传》，发行时间延续5年多，版式采用中国传统书本样式，刊期使用清代皇帝年号纪年。

最初，期刊和报纸的形式差不多，极易混淆。后来，报纸逐渐趋向于刊载有时效性的新闻，期刊则专刊登小说、游记和娱乐性文章，在内容的区别上越来越明显。在形式上，报纸的版面越来越大，为三到五英尺（1英尺=30.48厘米），对折，而期刊则经装订，加封面，成了书的形式。此后，期刊和报纸在人们的观念中才具体地分开。

3. 期刊的出版周期

根据期刊的出版周期，可以将其分为以下几类：

① 周刊：每周出版一期，通常在周末发行。

② 双周刊：每两周出版一期。

③ 旬刊：每10天出版一期。

④ 半月刊：每15天出版一期。

⑤ 月刊：每月出版一期，周期为30天。

⑥ 双月刊：每两个月出版一期。

⑦ 季刊：每季度出版一期，即3个月。

⑧ 半年刊：每6个月出版一期。

⑨ 年刊：每年出版一期。

4. 期刊查询途径

所有公开发行的期刊均可在我国新闻出版总署网站进行查询。若无法在中国新闻出版总署网站查询到某期刊，则该期刊为非公开发行。期刊发表的歌曲，除制作成正版光盘外，还应上线网络，以便于公众查询。

5. 期刊如何分类

一般从以下三个角度进行分类：广义分类、内容分类、学术地位分类。

（1）广义分类

① 非正式期刊：指通过行政部门审核领取“内部报刊准印证”作为行业内部交流的期刊（一般只限行业内交流不公开发行），但也是合法期刊的一种，一般正式期刊都经历过非正式期刊过程。

② 正式期刊：由国家新闻出版署与国家科委在商定的数额内审批，并编入“国内统一刊号”，办刊申请比较严格，要有一定的办刊实力，正式期刊有独立的办刊方针。

“国内统一刊号”是“国内统一连续出版物号”的简称，即“CN号”，它是新闻出版行政部门分配给连续出版物的代号。“国际刊号”是“国际标准连续出版物号”的简称，即“ISSN号”，我国大部分期刊都配有“ISSN号”。

（2）内容分类

① 一般期刊：强调知识性与趣味性，读者面广，如我国的《人民画报》《大众电影》，美国的《时代》《读者文摘》等。

② 学术期刊：主要刊载学术论文、研究报告、评论等文章，以专业工作者为主要对象。

③ 行业期刊：主要报道各行各业的产品、市场行情、经营管理进展与动态，如中国的《摩托车信息》《家具》，日本的《办公室设备与产品》等。

④ 检索期刊：如我国的《全国报刊索引》《全国新书目》，美国的《化学文摘》等。

（3）学术地位分类

按学术地位可分为核心期刊和非核心期刊（通常所说的普刊）两大类。

核心期刊是指在某一学科领域（或若干领域）中最能反映该学科的学术水平、信息量大、利用率高、受到普遍重视的权威性期刊。

国内对核心期刊的测定，主要运用文献计量学的方法，以及通过专家咨询等途径进行。

北京大学出版社1992年出版了《中文核心期刊要目总览》，1996年推出第二版。第二版从正在出版的近万种中文期刊中，筛选出1 578种核心期刊，并做了简要介绍。在第二版的基础上，2000年又推出了第三版……2021年推出了第九版。它是人们了解全国核心期刊的重要工具书。

了解核心期刊具有重要的意义。就编者而言，可以从核心期刊吸取经验。就读者而言，树立核心期刊意识，可以明确价值取向，提高阅读档次。例如，语言文学专业的学生，首先要阅读《中国语文》《文学评论》等核心期刊，而不是本末倒置。

就图书馆而言，在经费有限的情况下，订阅时当然是以核心期刊为首选目标。就科研管理部门而言，可以统计分析单位或个人在核心期刊上发表论文的情况，以此作为衡量其学术水平的一项重要指标。因此，人们往往以在核心期刊上发表文章为自己追求的目标。

当然核心期刊与非核心期刊不是固定不变的。非核心期刊经过努力，可以跻身于核心期刊之列；核心期刊若故步自封，也会被淘汰。

2.4.4 报纸

报纸是以刊载新闻和时事评论为主的定期向公众发行的印刷出版物或电子类出版物，是大众传播的重要载体，具有反映和引导社会舆论的功能。报纸通常为散页印刷，不装订、没有封面的纸质出版物，有固定名称，面向公众定期、连续发行。现代报纸每日出版一次，称为日刊；或者每周出版一次，称为周刊。这种意义上的报纸只出现于现代社会，古代社会的“报纸”或不是纸质的，或不是印刷的，或非定期、连续发行，一定意义上也不是面向公众的。

1. 发展历史

（1）早期

早在距今2 000年前，中国就出现过类似的文书抄本。它是当时的官府用以抄发皇帝谕旨和臣僚奏议等文件及有关政治情况的刊物，称为《邸报》，具有报刊的某些特点，可认为是最早形式的“政府公报”。原藏于敦煌莫高窟的唐代《进奏院状》是中国已知的最早的一份手抄邸报，距今已有1 000多年。

使用印刷术印报大约出现于1450年的欧洲。报道哥伦布发现新大陆经历的报纸出现于1493年，是罗马当时印制的第一份报纸。当时的报纸并非天天出版，只是在有新的消息时才临时刊印。

1609年，索恩在德国出版了《艾维苏事务报》，每周出版一次，这是西方最早定期出版的报纸。不久，报纸便在欧洲流行起来，消息报道的来源一般都依赖于联系广泛的商人。

日报首次发行于1650年，由德国人蒂莫特里茨出版，虽然只发行了3个月左右，但却是世界上第一份日报。欧洲第一份报纸于1358年在挪威问世。1907年，英国的《每日镜报》首次刊登了照片，取代了图画。

中国印世界第一份报纸——天宝四年（公元745年）。1582年，约明朝末年时在北京有第一份私人出版的报纸。

（2）近期

一般把1615年创刊的《法兰克福新闻》视为第一张“真正的”报纸，因为该报有固定名称，每周定期出版一次，每张纸上印有数条而不是单条新闻（但是该报是单面印刷）。“报纸”的英文一词（newspaper）最早出现于1665年英国第一家报纸《牛津公报》上。1650年在德国莱比锡出现最早的日报《新到新闻》，但是日报成为报纸的主角，是在18世纪以后。日报的普及，标志着一个国家或地区的新闻业得以成熟，因为日报的连续出版，对信息的采集和发送、印刷技术、新闻人员的素质和管理人员的水平，都提出了较高的要求。

（3）现代报纸产业的崛起与发展

自20世纪以来，全球范围内的报纸产业经历了前所未有的迅猛发展。报纸行业呈现出世界各地报纸种类繁多、竞争激烈的态势。为了在激烈的市场竞争中脱颖而出，吸引更多的读者，各家报纸纷纷在内容、形式、发行渠道等方面进行创新，以满足广大读者的需求。

在内容方面，现代报纸注重多样化、个性化的报道。报纸编辑不断挖掘独家新闻，加强对政治、经济、文化、社会等各个领域的深度报道，同时还开辟了众多专栏，如娱乐、体育、科技、教育等，以满足不同读者的兴趣爱好。此外，报纸还重视对新闻事件的独家解读，以独特视角和深刻见解吸引读者。

在形式方面，现代报纸力求版面设计和视觉呈现的突破。报纸排版更加美观、简洁，图片和图表的运用更加丰富，以提高报纸的视觉冲击力。同时，报纸字体、颜色、标题等元素也进行了优化，使版面更具吸引力。此外，报纸还推出了电子版和移动端应用，为读者提供多样化的阅读体验。

在发行渠道方面，现代报纸不断创新。除了传统的报摊、邮局等销售渠道外，报纸还积极拓展线上销售渠道，如互联网、手机应用等。同时，报纸企业还与物流、快递等企业合作，提高送报效率，确保读者能够及时收到报纸。此外，报纸还通过与各类媒体平台的合作，扩大传播范围，提高知名度。

从古老的唐代《进奏院状》到现代的日报、彩色报纸，报纸产业历经了千年的演变。在新媒体时代，报纸面临着诸多挑战，但仍有其独特的价值。例如，其报道的深度、权威性、公信力等方面在一定程度上仍然具有优势。而且许多报纸也在积极探索创新，如与新媒体融合发展、推出线上数字版报纸、打造多媒体新闻产品等方式来适应时代发展。

2. 报纸的构成

报纸不论其规模大小，均由报头、报眼、版位及栏目构成。

（1）报头

报头部分始终置于最为显眼的位置，通常位于首版的左上角，亦有置于顶部中央者。报头的核心元素为报名，其字体多为名人书法题写，亦有采用黑体者。报头下方经常标注有编辑出版部门、出版登记号、总期号及出版日期等信息。出版登记号用以表明该报社已按照国家新闻出版管理机构的规定进行登记，未进行登记的报刊，无论内容质量如何，皆不得公开发行。

（2）报眼

报眼是指位于报头附近的一小块版面，通常用于多样化的内容展示。对于报眼的设计并无固定模式，部分报眼可刊登内容提要、日历和气象预报，另一些报眼则可用于发布重要新闻或图片，还可用于投放广告。由于报眼位置显著，其广告费用通常较高。

（3）版位

报纸的版面位置称为版位，对于一份报纸而言，首版即为要闻版，其上的新闻较其他版面具有更高的优先级。在横排报纸的版面上，左上角的地位较右上角更为重要。新闻标题的字号大小亦能反映其重要性。标题是报纸所刊登新闻和文章的题目，用以概括和提示新闻和文章的内容，助力读者理解其意义和本质。因此，读者可通过版位安排和标题大小了解报纸的立场、观点和态度，进而激发阅读兴趣。

（4）栏目

栏目是定期发布相似主题文章的版面，常见的如“科技天地”“国际瞭望”“读者来信”等。除此之外，还有一些非固定时期的专版，其内容范围较专栏更为广泛。例如，在庆祝特定节日时，会组织一批征文专版；针对引发读者广泛兴趣的问题，会推出一系列讨论专版。这些专版具有一定的时效性，与定期专栏的稳定性有所不同。广告作为当代报纸常见的一种宣传方式，主要包括商业广告、通告、通知、启事以及文化娱乐广告等。报纸会收取一定的广告费用，以支持报社的基本建设。

3. 报纸的分类

报纸根据不同的分类标准，可分为以下几类：

① 出刊期间：包括日报、周报、双周报以及更为长周期的报纸。

② 出刊时间：包括日报、晨报、早报和晚报。

③ 政治立场：如倾向于保守理念的报纸和倾向于激进理念的报纸。

④ 收费情况：可分为收费报章和免费报章。

⑤ 媒体形态：包括印刷报章、网络版报章、电子报以及电子手账版报章。

⑥ 内容侧重：例如教育报、军事报、学生报、学术报、财经报、农业报和旅游报等。

4. 报纸的优、缺点

（1）优点

① 可随时阅读，不受时间限制，不会如电视或电台节目般错过指定时间报道的信息。

② 互相传阅，读者人数可以是印刷数的几倍。

③ 即使阅读或理解能力较低的人，亦可相应多耗时间，吸收报章的信息。

④ 因特网崛起，网上版报纸的传阅力较传统印刷品报章强。

（2）缺点

① 受截稿及出版因素影响，不能提供最新资讯以及及时更正信息。

② 纸张过多带来携带及传阅的不便。

③ 图片和文字在电视和电台的影音片段的比较下震撼力和感染力比较低。

④ 容易沾染油墨污垢。

5. 报纸的基本常识

① 开张：全张报纸面积的大小是以白报纸的开张来称呼的。半张白报纸大小的报纸，称为对开报，就是大报；四分之一张白报纸大小的报纸，称为四开报，就是小报。前者如《人民日报》《光明日报》《闽西日报》；后者如《参考消息》《新民晚报》《海峡都市报》。

② 版面：指各类稿件在报纸各版平面上的布局整体，它集中地体现报纸编辑部的宣传报道意图，称为“报纸的面孔”。我国的报纸，通常为四版到八版，也有超过八版的。第一版为“要闻报”，其重要性居各版之冠；其他版为“分工版”（如“地方版”“副刊版”“国际版”

等），无分主次。

③ 版位：版面的地位，表示这些地位受读者重视的程度如何。根据文字排列的走向，人们的视觉生理，以及读报的习惯等因素，通常上比下重要，左比右重要（直排报纸则右比左重要）。

④ 版心：指一个版面除四周白边以外的可排文字或图片的地方，即版面的容量。一个版面容量的大小，由报纸的开张、分栏的情况、基本字体的大小等因素决定，各报并不完全相同。

⑤ 报头：报纸第一版上放报名的地方，通常放在版面上端。横排报纸的报头除报名外，还刊登报纸创刊日期、总期数、当日报纸版面数和出版日期，有的还注明，它是某一组织的机关报等。

⑥ 报眼：报名旁边的一小块版面。通常刊登一些单独的、比较重要的文字稿和图片稿，也有刊登当日报纸的内容提要、天气预报和日历表等的。

⑦ 中缝：报纸相邻两个版面中间的空隙（如第一版与第四版、第二版与第三版），一般刊载知识性小文章、电视节目、电影广告、启事等。

⑧ 头条：地位指各版版面的上半部分，横排报纸以左面为重，直排报纸以右面为重。

6. 报纸相关统计数据

《中华人民共和国2021年国民经济和社会发展统计公报》显示：2021年，出版各类报纸276亿份。

2023年4月，中国报业协会印刷工作委员会公布2022年度全国报纸印刷量的调查统计结果，经汇总，153家报纸印刷单位2022年的报纸印刷总量是385.13亿对开印张，相对2021年的报纸印刷总量401.23亿对开印张，下降4.01%。

思考与练习

一、填空题

使用CNKI查询一下，期刊《图书馆》的出版周期是________。

二、单选题

图书馆业务工作是以（　　）为工作对象。

A. 文献　　B. 知识　　C. 信息　　D. 书籍

三、多选题

1. 以下信息资源属于网络信息资源范围的是（　　）。

A. 网络购物　　B. 电子书　　C. 网络游戏　　D. 网络新闻

2. 关于中图分类号描述正确的是（　　）。

A. 国内图书馆的索书号大多数是按中图分类号编写的

B. 由字母和数字组成，部分还带有标记符号

C. 中图分类号仅用来分类图书

D. 中图分类号按26个字母分类

四、简答题

1. 列出你所在的省有哪些公共图书馆，并找到这些公共图书馆的网址，了解其提供的服务。

2. 你见识过哪些类型的图书馆？图书馆会消亡吗？

3. 简述索书号由哪几部分组成，并在图书馆查找一两本你感兴趣的书籍列举它的索书号。

4. 图书馆的书是如何排架的？

5. 试述分类号为D111、D239、D23、D6的排列顺序？

6. 试述核心期刊的评判指标有哪些。

7. 报纸一般收录哪些信息？

8. 网络信息资源有什么优缺点？

五、操作题

1. 进入下列图书馆的网站，了解它们提供的服务，向同学推荐自己所了解的信息，制作PPT文档用于讲解，并在这些图书馆网站上演示使用过程。

A. 中国国家图书馆　　B. 广州图书馆

C. 上海图书馆　　D. 中国高等教育数字图书馆

2. 试着对图中A、B、C、D四个索书号进行顺序排列。

3. 使用维普中文期刊服务平台检索有关旅游营销方面的资料。

4. 使用CNKI查找关于文化方面的报纸，请列举两到三个。

第3章

常用的检索网站介绍

常用的论文检索离不开三大学术论文检索网站，分别是中国知网、万方数据库、维普期刊网，对于从事学术研究领域的作者来说并不陌生，因为学术研究会经常使用这些网站的资源，俗称论文检索的三大检索网站，在学术界具有很高的权威。

3.1 中国知网 CNKI

3.1.1 CNKI平台概述及检索方式

CNKI 中外文文献统一发现平台，总体设计思想是：让读者在“世界知识大数据（world knowledge big data, WKBD）”中快速、精准、个性化地找到相关的优质文献。

CNKI平台有以下几种检索方式：

1. 一框式检索

（1）一框式检索特点

压缩检索功能至“一框”界面，根据各类检索项的特异性，运用相适应的检索策略和匹配手段，彰显智能检索的优势，操作简便，检索成果兼具全面性和准确性。

（2）操作方式

在平台首页选择检索范围，下拉选择检索项，在检索框内输入检索词，单击“检索”按钮或按【Enter】键进行检索。一框式检索操作方式如图3-1所示。

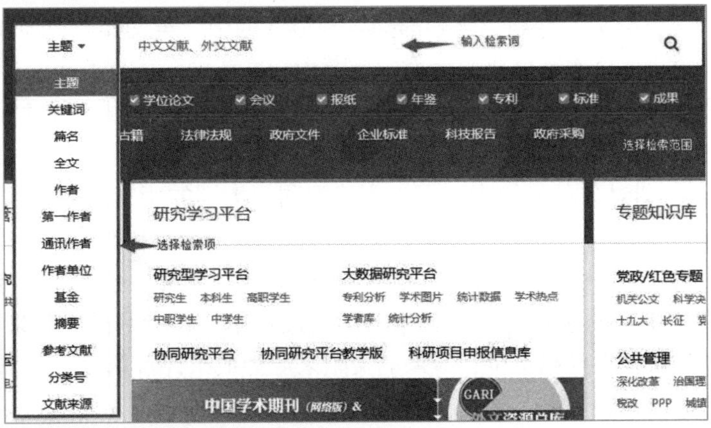

图3-1 一框式检索操作方式

（3）检索项

总库提供的检索项有：主题、关键词、篇名、全文、作者、第一作者、通讯作者、作者单位、基金、摘要、参考文献、分类号、文献来源等。

① 主题检索：在中国知网标引出来的主题字段中进行检索，该字段内容包含一篇文章的所有主题特征，同时在检索过程中嵌入了专业词典、主题词表、中英对照词典、停用词表等工具，并采用关键词截断算法，将低相关或微相关文献进行截断。

② 关键词检索：其范围包括文献原文给出的中、英文关键词，以及对文献进行分析计算后机器标引出的关键词。机器标引的关键词基于对全文内容的分析，结合专业词典，解决了文献作者给出的关键词不够全面准确的问题。

③ 篇名检索：期刊、会议、学位论文、辑刊的篇名为文章的中、英文标题；报纸文献的篇名包括引题、正标题、副标题；年鉴的篇名为条目题名；专利的篇名为专利名称；标准的篇名为中、英文标准名称；成果的篇名为成果名称；古籍的篇名为卷名。

④ 全文检索：指在文献的全部文字范围内进行检索，包括文献篇名、关键词、摘要、正文、参考文献等。

⑤ 作者检索：期刊、报纸、会议、学位论文、年鉴、辑刊的作者为文章中、英文作者；专利的作者为发明人；标准的作者为起草人或主要起草人；成果的作者为成果完成人；古籍的作者为全书著者。

⑥ 第一作者检索：只有一位作者时，该作者即为第一作者；有多位作者时，将排在第一位的作者认定为文献的第一责任人。

⑦ 通讯作者检索：目前期刊文献对原文的通讯作者进行了标引，可以按通讯作者查找期刊文献。通讯作者指课题的总负责人，也是文章和研究材料的联系人。

⑧ 作者单位检索：期刊、报纸、会议、辑刊的作者单位为原文给出的作者所在机构的名称；学位论文的作者单位包括作者的学位授予单位及原文给出的作者任职单位。年鉴的作者单位包括条目作者单位和主编单位；专利的作者单位为专利申请机构；标准的作者单位为标准发布单位；成果的作者单位为成果第一完成单位。

⑨ 基金检索：根据基金名称，可检索受到此基金资助的文献。支持基金检索的资源类型包括期刊、会议、学位论文、辑刊。

⑩ 摘要检索：

期刊、会议、学位论文、专利、辑刊的摘要为原文的中、英文摘要，原文未明确给出摘要的，提取正文内容的一部分作为摘要；标准的摘要为标准范围；成果的摘要为成果简介。

⑪ 参考文献检索：检索参考文献里含检索词的文献。支持参考文献检索的资源类型包括期刊、会议、学位论文、年鉴、辑刊。

⑫ 分类号检索：通过分类号检索，可以查找到同一类别的所有文献。期刊、报纸、会议、学位论文、年 鉴、标准、成果、辑刊的分类号指中图分类号；专利的分类号指专利分类号。

⑬ 文献来源检索：文献来源指文献出处。期刊、辑刊、报纸、会议、年鉴的文献来源为文献所在的刊物；学位论文的文献来源为相应的学位授予单位；专利的文献来源为专利权利人/申请人；标准的文献来源为发布单位；成果的文献来源为成果评价单位。

（4）检索推荐/引导功能

平台提供检索时的智能推荐和引导功能，根据输入的检索词自动提示，可根据提示进行选择，更便捷地得到精准结果。

使用推荐或引导功能后，不支持在检索框内进行修改，修改后可能得到错误结果或得不到检索结果。

① 主题词智能提示：输入检索词，自动进行检索词补全提示。适用字段：主题、篇名、关键词、摘要、全文。例如，输入“基因”，下拉列表显示“基因”开头的热词，主题词智能提示如图 3-2 所示，通过鼠标（键盘）选中提示词，直接按【Enter】键或者单击提示词，执行检索。

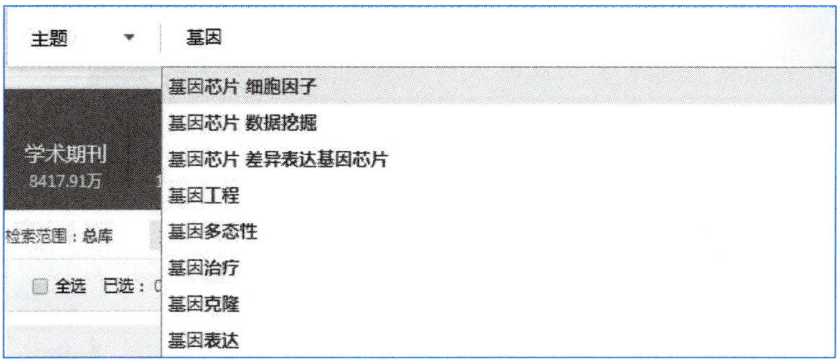

图 3-2　主题词智能提示

② 作者引导：输入检索词，进行检索引导，可根据需要进行勾选，精准定位所要查找的作者。

例如，输入“王 × 中”，勾选第一层级的“王 × 中 清华大学”，就能够检出所有清华大学的王 × 中所发表的文献，检索时精准定位所查找的作者，排除同名作者，并且不管原文机构是否含“清华大学”字样，只要规范为清华大学的，都可以被检索到，如图 3-3 所示。

图 3-3　作者引导（一）

某作者同时有多个单位，或者需要检索某作者在原单位与现单位所有发文的，则在引导列表中勾选多个单位。例如，检索语言学领域的李 × 德所发的文献，勾选他的所有单位即可得到结果，如图 3-4 所示。

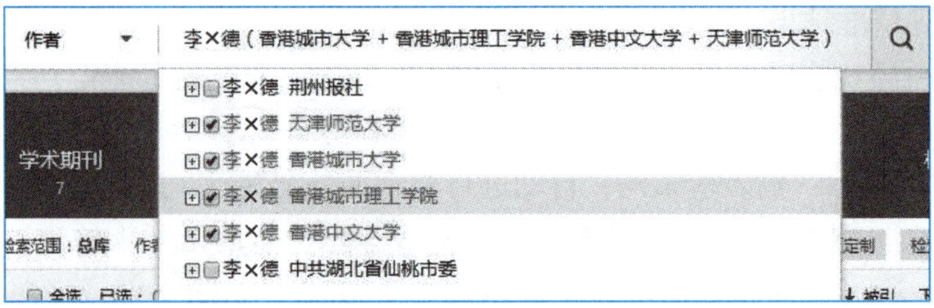

图3-4 作者引导（二）

若两个作者的一级机构相同，二级机构不同，通过勾选相应的二级机构，可精准定位。例如，要检索北京大学物理学院张×所发的文章，则勾选二级机构名含“北京大学物理学院”的条目，如图3-5所示。

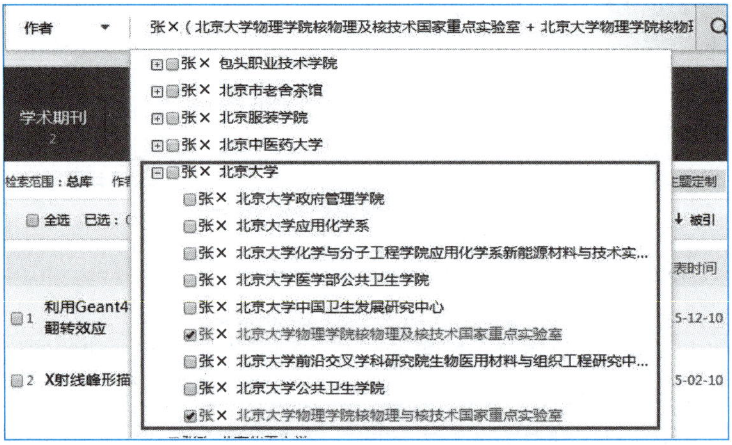

图3-5 作者引导（三）

③ 基金引导：输入检索词，下拉列表显示包含检索词的规范基金名称，勾选后用规范的基金代码进行检索，精准定位。

例如，输入“自然科学”，勾选“国家自然科学基金”后，检索结果将原文基金名称规范为国家自然科学基金的全部文献，如图3-6所示。

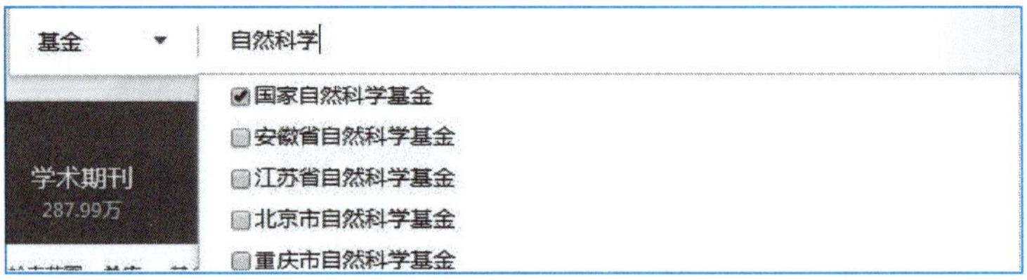

图3-6 基金引导

④ 文献来源引导：输入检索词，下拉列表显示包含检索词的规范后的来源名称，勾选后用来进行检索，精准定位。有文献来源引导功能的资源类型包括：期刊、报纸、学位论文、年鉴、辑刊。

例如，输入“工业经济”，列表中勾选所要查找的来源名称，检索结果会包含此来源现用名及曾用名下的所有文献，如图3-7所示。

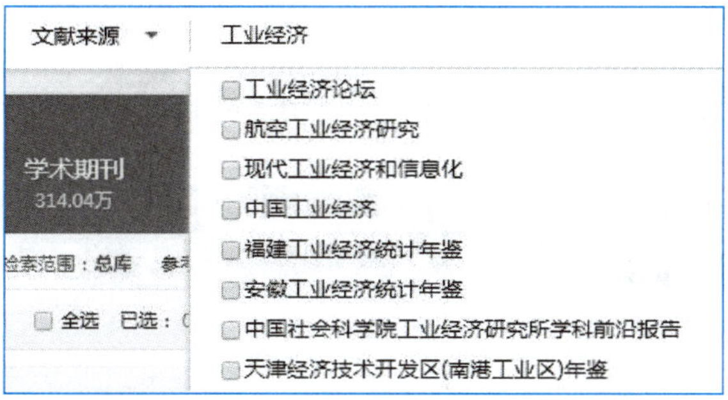

图3-7　文献来源引导

（5）匹配方式

一框式检索根据检索项的特点，采用不同的匹配方式。

① 相关度匹配：采用相关度匹配的检索项为主题、篇名、全文、摘要、参考文献、文献来源，根据检索词在该字段的匹配度，得到相关度高的结果。

② 精确匹配：采用精确匹配的检索项为关键词、作者、第一作者、通讯作者。

③ 模糊匹配：采用模糊匹配的检索项为作者单位、基金、分类号。

（6）同字段组合运算

支持使用运算符*、+、-、''、""、()进行同一检索项内多个检索词的组合运算，检索框内输入的内容不得超过120个字符。

输入运算符*（与）、+（或）、-（非）时，前后要空一个字节，优先级需用英文半角括号确定。

若检索词本身含空格或*、+、-、()、/、%、=等特殊符号，进行多词组合运算时，为避免歧义，须将检索词用英文半角单引号或英文半角双引号引起来。

（7）结果中检索

结果中检索是在上一次检索结果的范围内按新输入的检索条件进行检索。

输入检索词，单击“结果中检索”按钮，执行后在检索结果区上方显示检索条件，如图3-8所示。

图3-8　结果中检索

第一次检索主题为“人工智能”的文献，在此结果中检索文献来源为“电脑知识与技术”的文献。单击后面的“×”按钮，清除最后一次的检索条件，退回到上一次的检索结果，如图3-9所示。

图3-9　结果中检索

2. 高级检索

（1）高级检索入口

在首页单击“高级检索”按钮进入高级检索页，如图3-10所示。单击“高级检索”按钮进入高级检索页，如图3-11所示。

图3-10 高级检索入口（一）

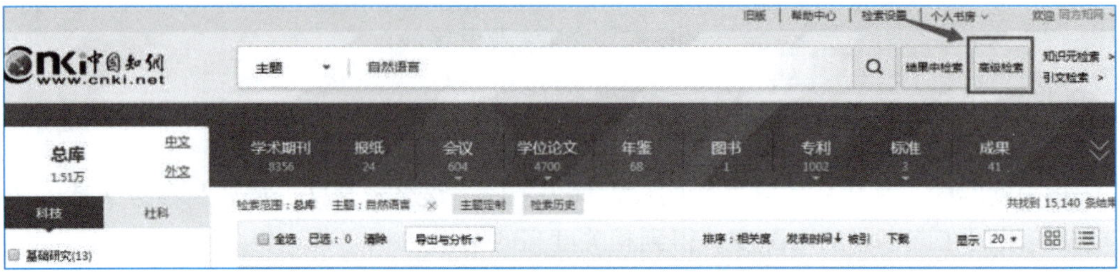

图3-11 高级检索入口（二）

在高级检索页单击标签可切换至高级检索、专业检索、作者发文检索、句子检索，如图3-12所示。

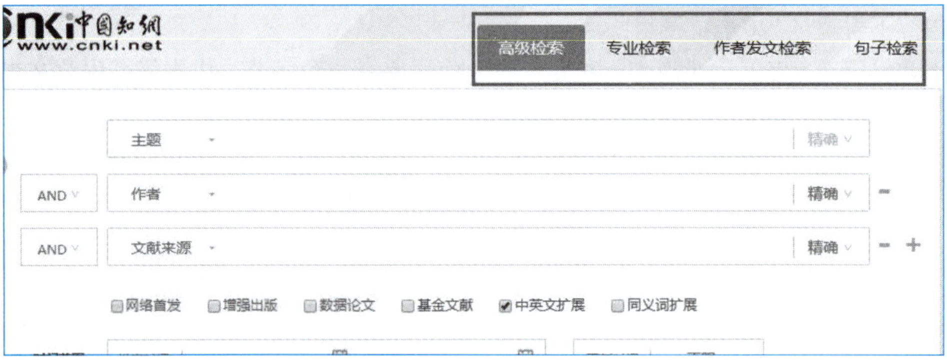

图3-12 高级检索页

（2）高级检索的特点

高级检索支持多字段逻辑组合，并可通过选择精确或模糊的匹配方式、检索控制等方法完成较复杂的检索，得到符合需求的检索结果。

多字段组合检索的运算优先级，按从上到下的顺序依次进行。

（3）检索区

检索区主要分为两部分：上半部分为检索条件输入区；下半部分为检索控制区。

① 检索条件输入区：默认显示作者、文献来源等检索框，可自由选择检索项、检索项间的逻辑关系（见图3-13）、检索词匹配方式（见图3-14）等。

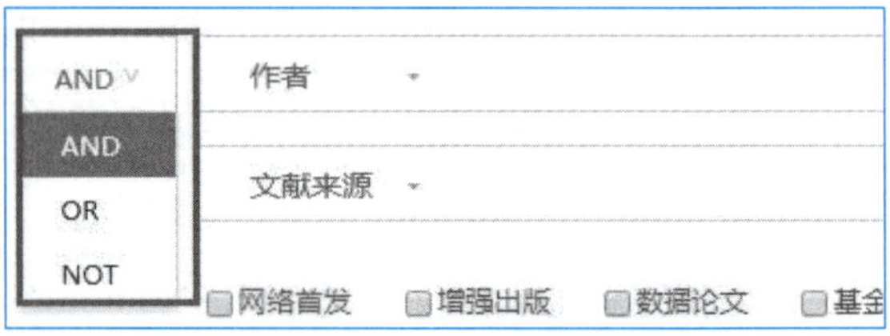

图3-13 选择检索项间的逻辑关系

图 3-14　选择检索词匹配方式

单击检索框后的"＋""－"按钮可添加或删除检索项，最多支持十个检索项的组合检索。

② 检索控制区：主要作用是通过条件筛选、时间选择等，对检索结果进行范围控制。控制条件包括出版模式、基金文献、时间范围、检索扩展，如图 3-15 所示。

图 3-15　检索控制区

检索时默认进行中英文扩展，如果不需要中英文扩展，则手动取消勾选。

（4）检索项

高级检索提供多个检索项，满足不同的检索需求。检索项包括主题、关键词、篇名、全文、作者、第一作者、通讯作者、作者单位、基金、摘要、参考文献、分类号、文献来源。各检索项具体描述参见前文所讲检索项。

（5）切库区

高级检索页面下方为切库区，单击库名，可切至某单库高级检索，如图 3-16 所示。

图 3-16　切库区

（6）文献导航

文献分类导航默认为收起状态，单击展开后勾选所需类别，可缩小和明确文献检索的类别范围。总库高级检索是知网基于中图分类而独创的学科分类体系。年鉴、标准、专利等还提供单库检索所需的特色导航。

（7）检索推荐/引导功能

与一框式检索时的智能推荐和引导功能类似，主要区别是：高级检索的主题、篇名、关键词、摘要、全文等内容检索项推荐的是检索词的同义词、上下位词或相关词；高级检索的推荐引导功能在页面右侧显示。勾选后进行检索，检索结果为包含检索词或勾选词的全部文献。

例如，输入"人工智能"，推荐相关的机器智能、决策系统等，可根据检索需求进行勾选，如图 3-17 所示。

（8）匹配方式

除主题只提供相关度匹配外，其他检索项均提供精确、模糊两种匹配方式。

篇名、摘要、全文、参考文献的精确匹配，是指检索词作为一个整体在该检索项进行匹配，完整包含检索词的结果。模糊匹配，则是检索词进行分词后在该检索项的匹配结果。

图3-17　检索推荐/引导

关键词、作者、机构、基金、分类号、文献来源的精确匹配，是指关键词、作者、机构、基金、分类号或文献来源与检索词完全一致。模糊匹配，是指关键词、作者、机构、基金、分类号或文献来源包含检索词。

（9）词频选择

全文和摘要检索时，可选择词频，辅助优化检索结果。

选择词频数后进行检索，检索结果为在全文或摘要范围内，包含检索词，且检索词出现次数大于等于所选词频的文献。

（10）同字段组合运算

一框式检索、高级检索均支持同一检索项内输入*、+、-进行多个检索词的组合运算。

（11）结果中检索

高级检索支持结果中检索，执行后在检索结果区上方显示检索条件，与之前的检索条件间用AND连接。

例如，检索主题“人工智能”后，在结果中检索主题“机器人”，检索条件如图3-18所示。

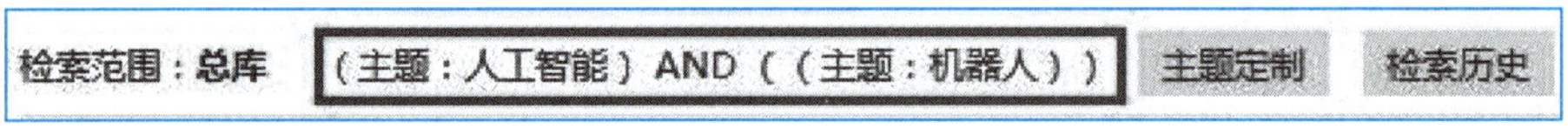

图3-18　结果中检索

（12）检索区的收起展开

高级检索执行检索后，检索区只显示第一行的检索框，缩减检索区空间，重点展示检索结果，如图3-19所示。单击“展开”按钮即显示完整检索区。

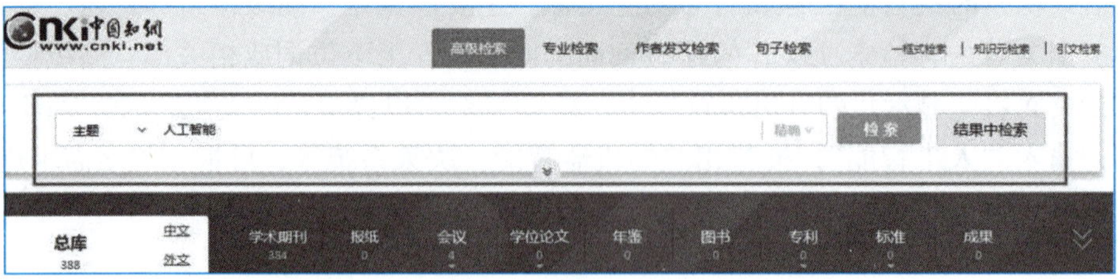

图3-19　检索区收起

3. 作者发文检索

在高级检索页切换至“作者发文检索”标签，可进行作者发文检索。

作者发文检索通过输入作者姓名及其单位信息，检索某作者发表的文献，功能及操作与高级检索基本相同。

4. 句子检索

在高级检索页切换至“句子检索”标签，可进行句子检索。

句子检索是通过输入的两个检索词，在全文范围内查找同时包含这两个词的句子，找到有关事实的问题答案。

句子检索不支持空检，同句、同段检索时必须输入两个检索词。

例如，检索同一句包含“人工智能”和“神经网络”的文献，如图3-20所示。

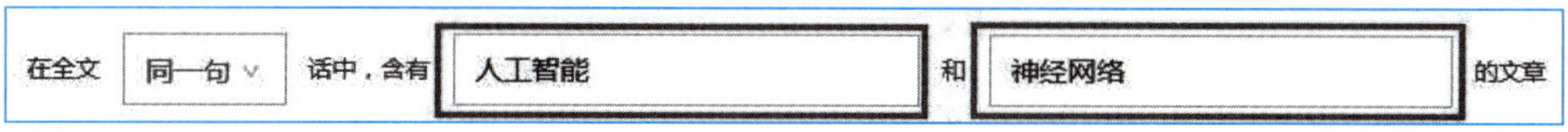

图3-20　句子检索（一）

检索结果如图3-21所示，句子1、句子2为查找到的句子原文，“句子来自”为这两个句子出自的文献题名。

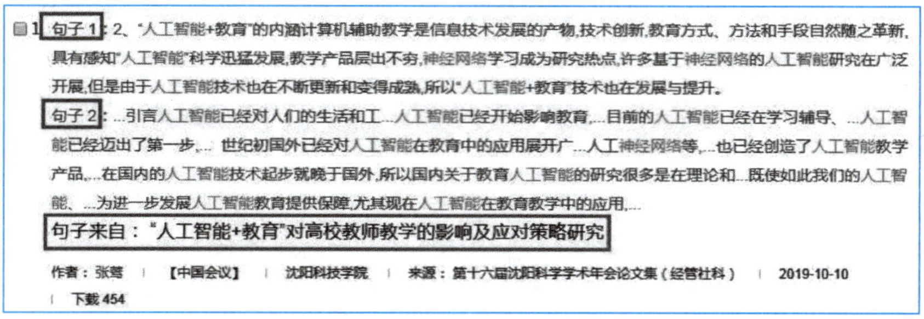

图3-21　句子检索（二）

句子检索支持同句或同段的组合检索，例如，在全文范围检索同一句中包含“数据”和“挖掘”，并且同一句中包含“计算机”和“网络”的文章，如图3-22所示。

图3-22　句子检索（三）

检索到的文献，全文中有同一句同时包含“数据”和“挖掘”，并且另有一句同时包含“计算机”和“网络”。例如，检索结果中下面这篇文献，并没有在同一句中同时出现输入的四个检索词，如图3-23所示。

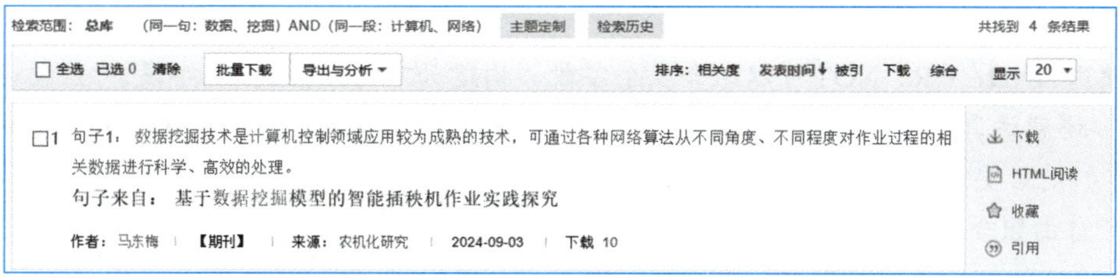

图3-23　句子检索（四）

5. 专业检索

（1）专业检索概述

在高级检索页切换至“专业检索”标签，可进行专业检索。

专业检索用于图书情报专业人员查新、信息分析等工作，使用运算符和检索词构造检索式进行检索。

专业检索的一般流程：确定检索字段构造一般检索式，借助字段间关系运算符和检索值限定运算符可以构造复杂的检索式。

专业检索表达式的一般式：<字段><匹配运算符><检索值>，图3-24所示为专业检索界面。

图3-24 专业检索

（2）检索字段

在文献总库中提供以下可检索字段：SU=主题,TI=题名,KY=关键词,AB=摘要,FT=全文,AU=作者,FI=第一责任人,RP=通讯作者,AF=机构,JN=文献来源, RF=参考文献,YE=年

（3）逻辑运算符

适用于字段间的逻辑关系运算，见表3-1。

举例：

① 检索邱均平发表的关键词包含知识管理的文章，检索式：KY = 知识管理 AND AU = 邱均平。

② 检索主题与知识管理或信息管理相关的文献，检索式：SU %= 知识管理 OR SU %= 信息管理。

③ 检索篇名包含大数据，但不是大数据集的文章，检索式：TI = 大数据 NOT TI = 大数据集。

表 3-1 逻辑运算符功能

符 号	功 能
AND	逻辑“与”
OR	逻辑“或”
NOT	逻辑“非”

④ 检索钱伟长在清华大学或上海大学时发表的文章，检索式：AU = 钱伟长 AND (AF = 清华大学 OR AF = 上海大学)。

⑤ 检索钱伟长在清华大学期间发表的题名或摘要中都包含“物理”的文章，检索式：AU = 钱伟长 AND AF= 清华大学 AND (TI = 物理 OR AB = 物理)。

提示：

① 使用 AND、OR、NOT 可以组合多个字段，构建如下的检索式：<字段><匹配运算符><检索值><逻辑运算符><字段><匹配运算符><检索值>，逻辑运算符 AND（与）、OR（或）、NOT（非）前后要有空格。

② 可自由组合逻辑检索式，优先级需用英文半角圆括号“()”确定。

3.1.2 检索结果

1. 按资源类型查看文献

横向展示总库所覆盖的所有资源类型，总库检索后，各资源类型下显示符合检索条件的文献量，凸显总库各资源的文献分布情况，可单击查看任一资源类型下的文献，如图3-25所示。

图3-25 按资源类型查看文献

2. 按中文、外文筛选文献

单击“中文”或“外文”选项，查看检索结果中的中文文献或外文文献。单击“总库”返回到中外文混检结果，如图3-26所示。

图3-26 按中文、外文筛选文献

3. 单库检索

当选中某单库时，上文检索区为该单库的检索项。例如，选中等，如图3-27所示。

图3-27 单库检索（一）

单击“检索”按钮，则进入单库检索，检索范围为“学术期刊”。单库内检索，检索结果显示在检索结果区右上角，如图3-28所示。

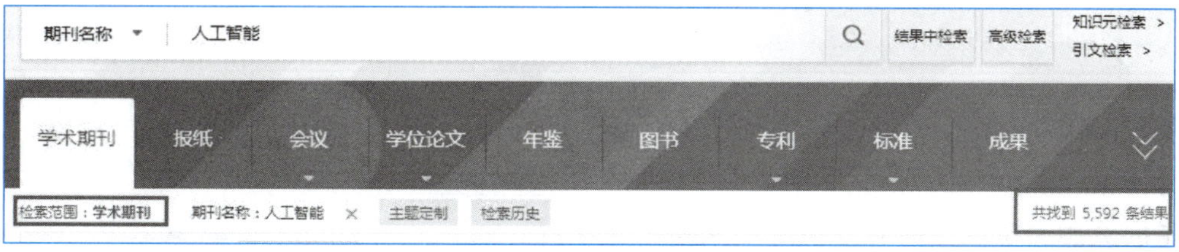

图3-28 单库检索（二）

4. 分组筛选功能

检索结果区左侧为分组筛选区，提供多层面的筛选角度，并支持多个条件的组合筛选，以快速、精准地从检索结果中筛选出所需的优质文献。

除科技、社科分组外，每个分组项默认显示两条分组内容，单击分组标签上的下拉按钮，查看全部分组内容。勾选分组条件后，单击“确定”按钮，执行筛选；单击“清除”按钮，清除所有勾选。

（1）分组项细化

研究层次细化为科技、社科，依据知识服务对象划分，用户可以根据自己的研究领域筛选文献。

主题分组细化为主要主题、次要主题，依据某主题词在文献中所占的分量划分。

作者、机构分组细化为中国、国外，分别指中文文献的作者/机构和外文文献的作者/机构。

（2）分组内容排序

作者分组按作者H指数降序排列，将H指数高的作者排在前面，作为筛选权威性文献的参考。

期刊分组将中外文期刊统一按CI指数降序排列，实现中英文学术期刊同台竞技，便于按照期刊质量筛选好文献。

（3）分组可视化

除科技、社科分组外，各分组项提供可视化分析功能，直观反映检索结果某个分组类别的文献分布情况，如图3-29所示。

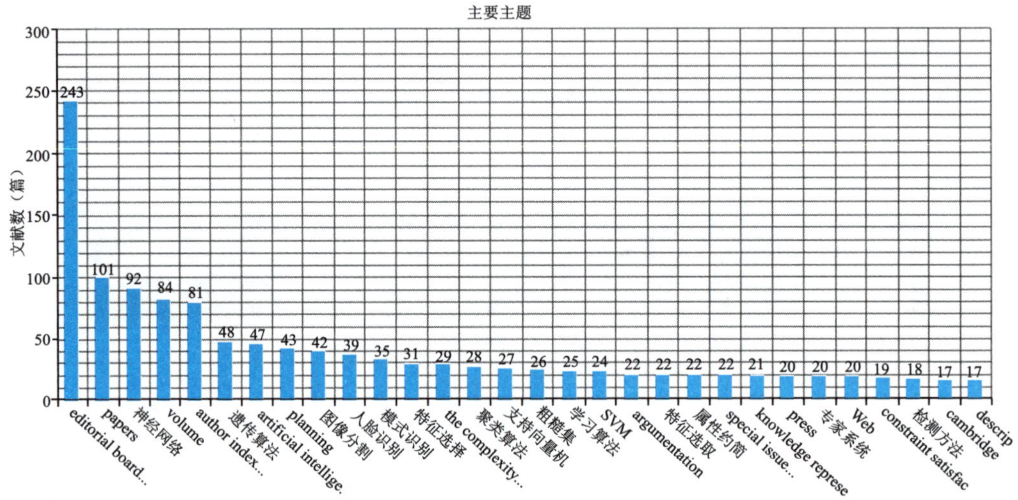

图3-29　分组可视化

5. 横向资源类型与纵向分组筛选的配合使用

横向资源类型区与纵向分组区形成知识服务矩阵，两者配合使用，可快速、有效地找到所需文章。

例如，检索主题“人工智能”，得到如图3-30所示结果。单击学术期刊查看主题为人工智能的学术期刊文献，左侧分组变为针对学术期刊的分组项，可进一步按刊选文，如图3-31所示。

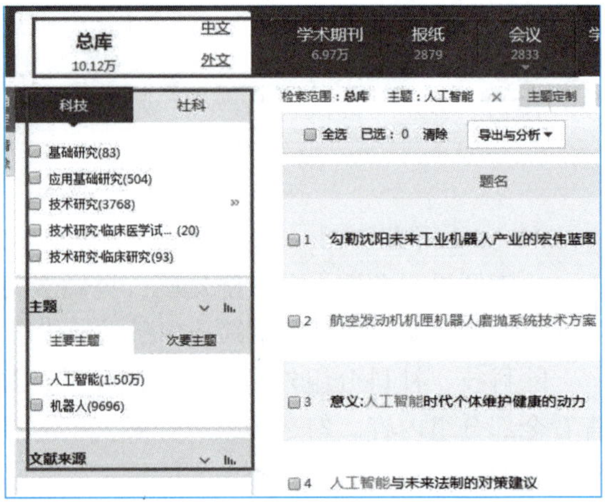

图3-30　资源类型与分组筛选

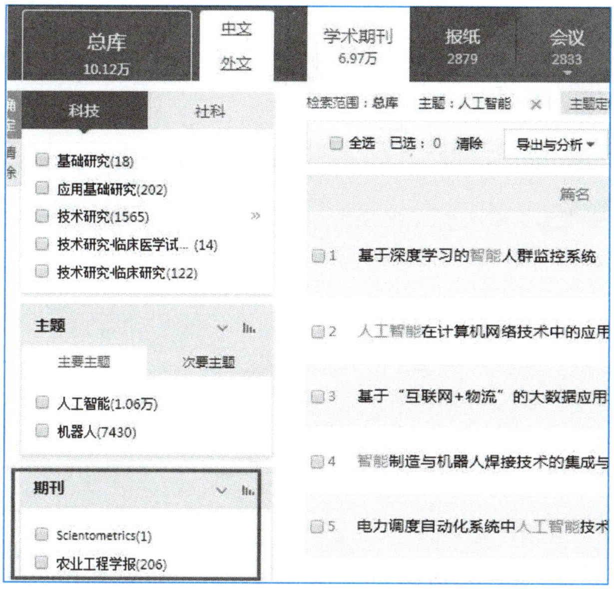

图 3-31　分组筛选

6. 发表年度趋势图

发表年度趋势图位于页面右侧，悬浮显示图标，单击图标展开检索结果的发表年度趋势图，以可视化形式直观显示检索到的文献按年度分布的情况，如图 3-32 所示。

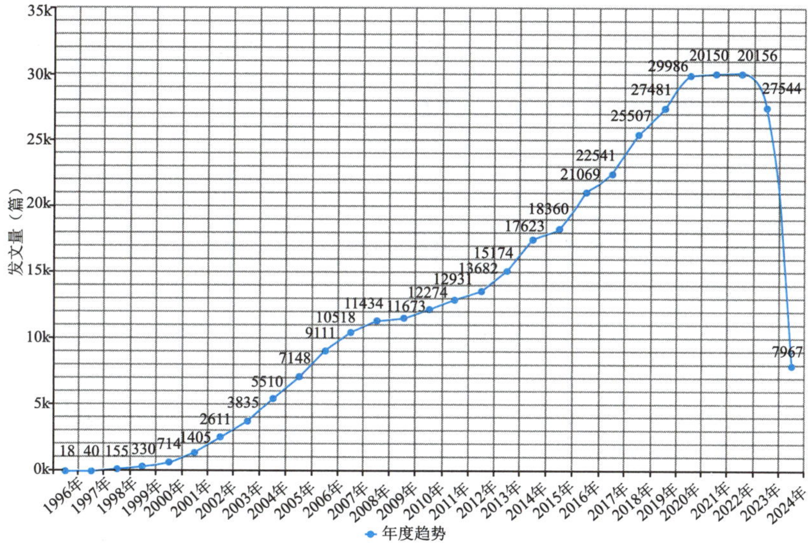

图 3-32　发表年度趋势图

折线图下方输入起止年份，单击“筛选”按钮，则按所输入的年度范围筛选检索结果。

7. 排序

提供相关度、发表时间、被引、下载，可根据需要选择相应的排序方式，如图 3-33 所示。

图 3-33　排序

8. 文献管理

可在文献管理中心对选定的文献进行相关处理，包括导出文献、生成检索报告、可视化分析和在线阅读等功能，如图3-34、图3-35所示。

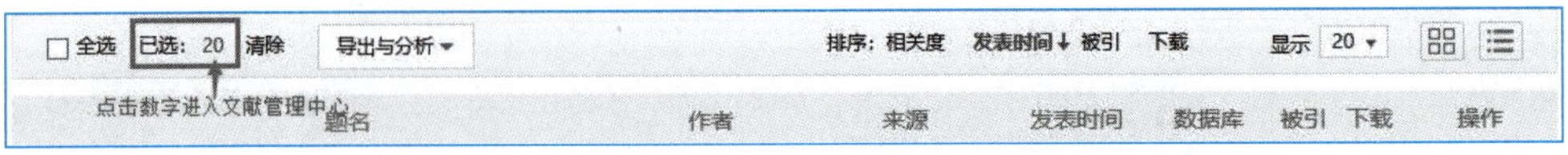

图3-34　单击已选文献进入文献管理中心

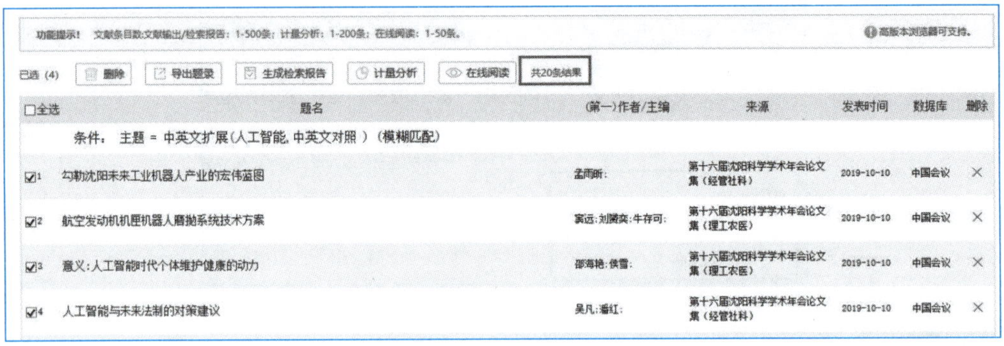

图3-35　文献管理中心

也可直接单击“导出与分析”下拉列表中的选项，进入对应的操作界面，如图3-36所示。

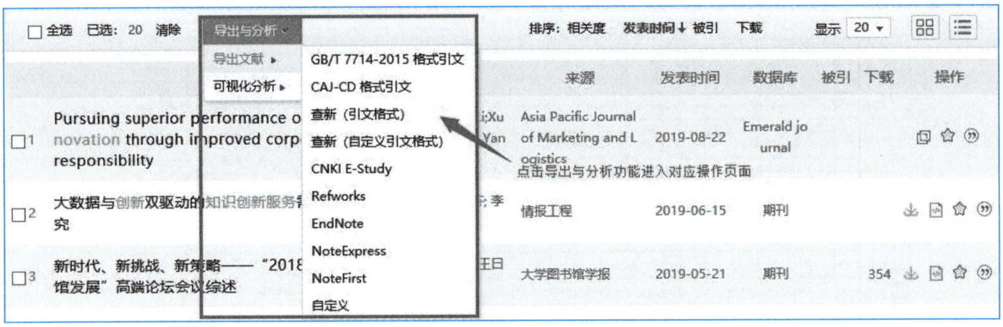

图3-36　导出与分析功能入口

（1）文献管理中心

已选文献以列表形式显示全部已经勾选的文献，并按历次的检索条件分组显示历次检索条件下所选的文献条目。

可对已选文献进行再次选择，并对再次选择的文献进行导出题录、生成检索报告等功能操作。

可单击任意一条已选文献后的“×”按钮删除当前文献；也可勾选文献前的复选框，选择一篇或多篇文献，单击“删除”按钮，删除选中的文献，如图3-37所示。

（2）导出文献

从检索结果页面或者文献管理中心进入导出题录页面，包括多种文献导出格式，如图3-38所示，默认显示为GB/T 7714—2015格式题录。

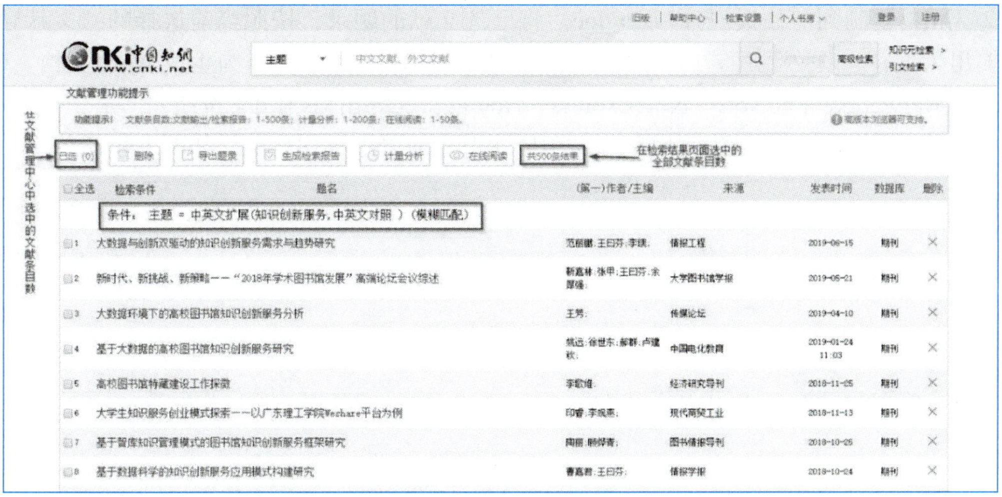

图 3-37　管理文献

图 3-38　GB/T 7714—2015 格式引文

GB/T 7714—2015格式引文、CAJ-CD格式引文、查新（引文格式）样式与功能一致。

① 自定义字段选择，如图3-39所示。

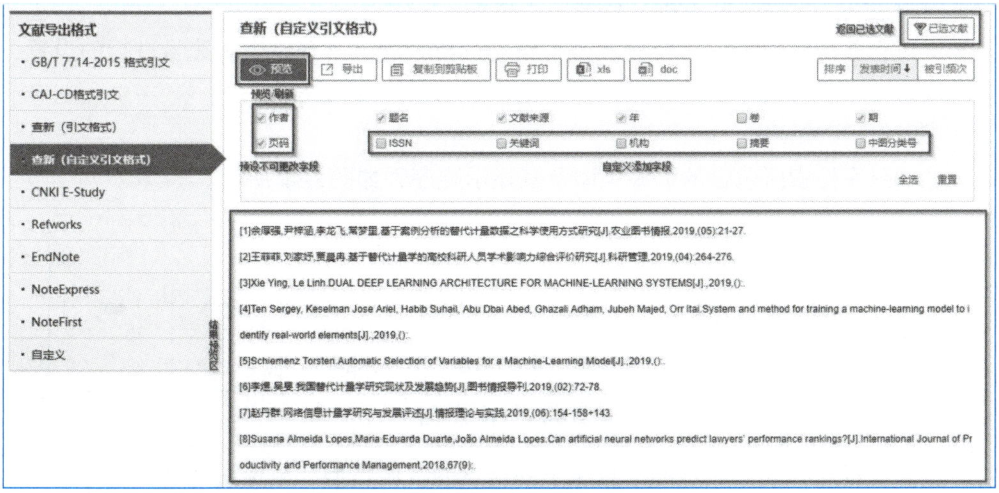

图 3-39　查新（自定义引文格式）

② 导出/复制到剪贴板/打印/xls/doc。将已选文献的题录，按照当前选择的“文献导出格式”输出为文件，保存到用户计算机上。xls为生成Excel文档，doc为生成Word文档。CNKI E-Study、Refworks、EndNote、NoteExpress、NoteFirst无导出xls和doc按钮。

③ 排序。可按照文献的发表时间和被引频次升序或降序排列显示，如图3-40所示。

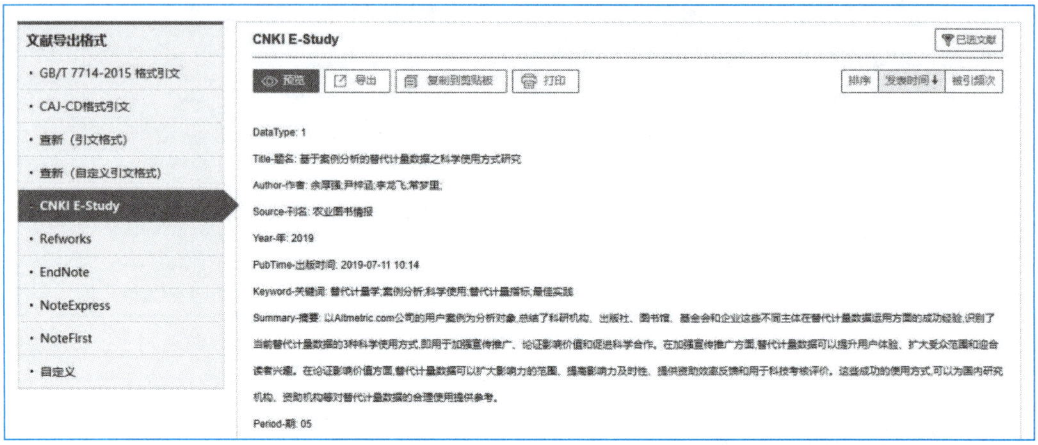

图3-40　CNKI E-Study

3.1.3　检索设置

总库的检索设置功能，提供总库检索的个性化服务，可根据个人使用习惯进行检索偏好设置，方便操作。

此功能只针对总库检索，位于总库一框式检索结果页、总库高级检索页的页头处，如图3-41所示。

图3-41　检索设置

设置内容包括：跨库检索范围、检索结果格式。

如果想要长久保存设置，需要登录个人账号进行设置。未登录个人账号进行的设置，关闭浏览器后或20 min未在此平台进行任何操作则恢复为系统默认设置。

1. 设置跨库检索范围

设置总库跨库检索所包含的资源类型及其显示顺序，如图3-42所示。

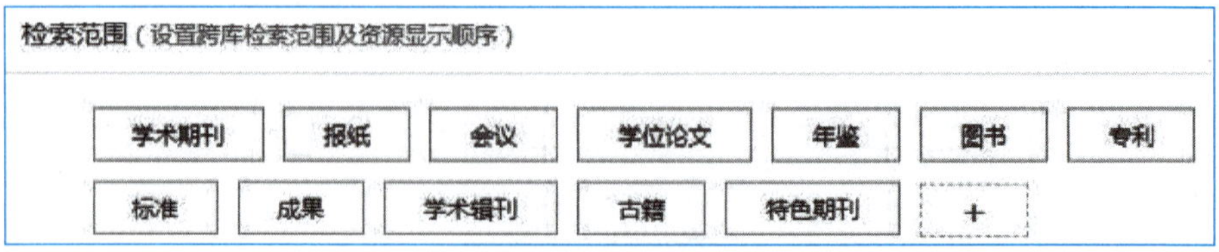

图3-42　检索范围

打开检索设置后，默认显示参与总库统一检索的资源类型，鼠标放至资源名称上，出现叉号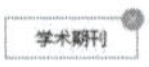，单击删除该资源类型，则总库检索时不包含此资源类型。单击最后的“+”按钮，在

打开的资源列表中添加需要参与跨库检索的资源类型。

拖动各资源类型模块，可以调整资源顺序，检索结果页按所做的设置显示。

例如，设置学术期刊、报纸、会议参与总库统一检索，显示顺序为会议、学术期刊、报纸，如图3-43所示。

图3-43　资源类型

刷新页面，在总库检索主题为“人工智能”的文献，页面显示如图3-44所示。

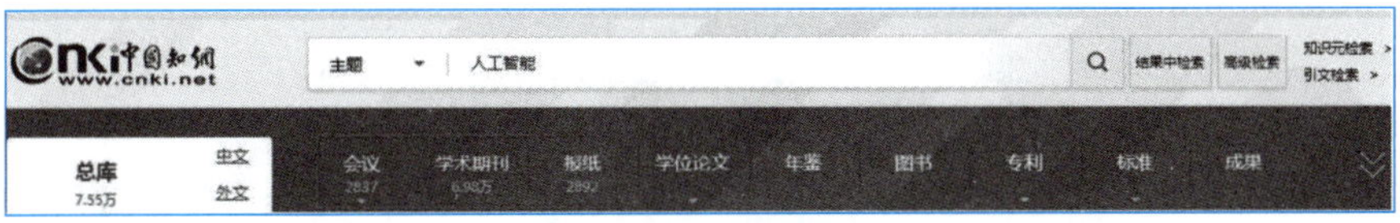

图3-44　检索设置效果

会议、学术期刊、报纸依次排在最前面，其他资源不参与总库检索，资源名称下不显示文献量。

2. 设置检索结果格式

设置检索结果格式包括设置检索结果的每页默认显示条数、默认显示方式、默认排序，如图3-45所示。

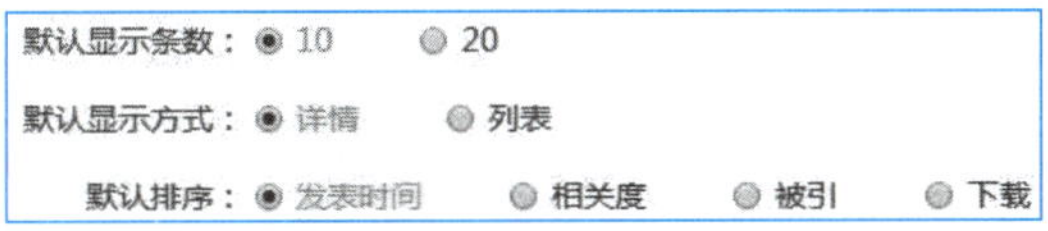

图3-45　检索结果默认设置

设置后刷新页面，检索结果区的条数、显示方式、排序默认按所选项显示。

3.1.4　登录/注册入口

1. 入口1

登录/注册的一个入口是导航条，如图3-46所示。

图3-46　导航条

登录页面：导航条下方直接弹出登录窗口，如图3-47所示，包括普通登录和IP登录，以及使用合作网站账户登录。

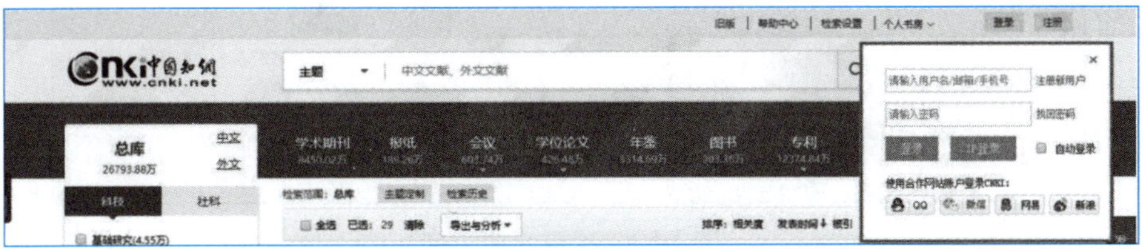

图3-47　导航条登录

合作账号登录页面：提供合作账号直接登录，如图3-48所示。

图3-48　合作账号登录界面

2. 入口2

登录/注册的第二个入口如图3-49所示。

① 检索结果→下载或 HTML 阅读：当在知网平台上进行文献检索后，在检索结果页面可以选择下载文献或者直接进行 HTML 阅读。

② 文献知网节→HTML 阅读或下载：在文献知网节部分（知网节是展示文献详细信息和相关扩展信息的区域），同样可以选择 HTML 阅读或者下载文献。

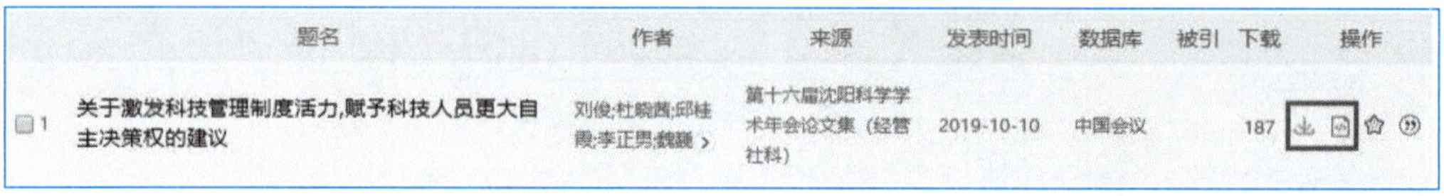

	题名	作者	来源	发表时间	数据库	被引	下载	操作
1	关于激发科技管理制度活力,赋予科技人员更大自主决策权的建议	刘俊;杜晓茜;邱桂霞;李正男;魏璇 >	第十六届沈阳科学学术年会论文集（经管社科）	2019-10-10	中国会议		187	

图3-49　登录注册入口2

登录页面：新的标签页，普通登录和IP登录，提供合作账号直接登录。注册，同首页注册界面，如图3-50所示。

图3-50　登录注册页面

3. 入口 3

在线阅读超过免费页面范围时，在当前页面弹出登录窗口，如图3-51所示。

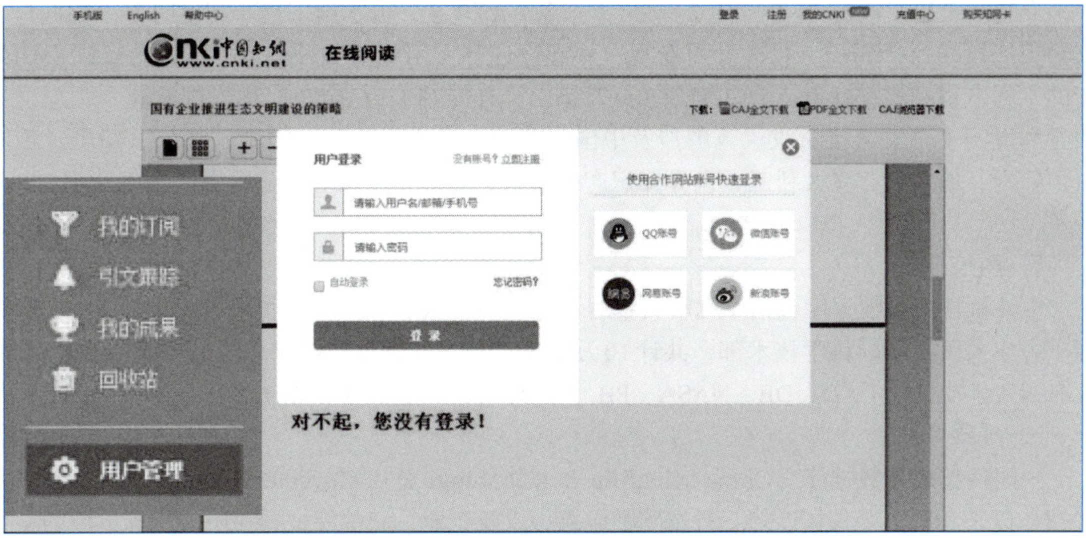

图3-51　在线阅读登录页面

3.2　万方数据知识服务平台

万方数据知识服务平台是北京万方数据股份有限公司推出的学术资源发现平台，该平台通过整合数亿条全球优质数据资源，实现海量学术文献的统一发现服务。

3.2.1　平台资源类型

1. 期刊

期刊资源包括中文期刊和外文期刊，其中中文期刊共10 300余种，基本覆盖各类核心来源期刊90%以上，涵盖自然科学、工程技术、医药卫生、农业科学、哲学政法、社会科学、科教文艺等多个学科；外文期刊主要来源于NSTL外文文献数据库和数十家著名学术出版机构，以及DOAJ、PubMed等知名开放获取平台，收录了世界各国出版的40 000余种重要学术期刊。

2. 学位论文

中国学位论文全文数据库（China dissertations database）收录始于1980年，年增42余万篇，涵盖基础科学、理学、工业技术、人文科学、社会科学、医药卫生、农业科学、交通运输、航空航天和环境科学等各学科领域。

3. 会议

中国学术会议文献数据库（China conference proceedings database），其中的会议资源包括中文会议和外文会议，中文会议收录始于1982年，年收集约2 000个重要学术会议，年增15万篇论文，每月更新。外文会议主要来源于NSTL外文文献数据库，收录了1985年以来世界各主要学协会、出版机构出版的学术会议论文共计1 100万篇（部分文献有少量回溯），每年增加论文约20余万篇，每月更新。

4. 专利

中外专利数据库（Wanfang patent database，WFPD）涵盖1.5亿条国内外专利数据。其中，中国专利收录始于1985年，共收录4 400万余条专利全文，可本地下载专利说明书，数据与国家知识产权局保持同步，包含发明专利、外观设计和实用新型三种类型，准确地反映中国最新的专利申请和授权状况，每年新增300万条。国外专利1.1亿余条，均提供欧洲专利局网站的专利说明书全文链接。收录范围涉及中国、美国、日本、英国、德国、法国、瑞士、俄罗斯、韩国、加拿大、澳大利亚、世界知识产权组织、欧洲专利局等地的数据，每年新增300万余条。

5. 科技报告

中外科技报告数据库包括中文科技报告和外文科技报告。中文科技报告收录始于1966年，源于中华人民共和国科学技术部，共计10万余份。外文科技报告收录始于1958年，涵盖美国政府四大科技报告（AD、DE、NASA、PB），共计110万余份。（数据统计截至2023年12月）

6. 成果

中国科技成果数据库（China scientific & technological achievements database）收录了自1978年以来我国主要科技计划、科技奖励成果，以及企业、高等院校和科研院所等单位的科技成果信息，涵盖新技术、新产品、新工艺、新材料、新设计等众多学科领域，共计65多万项。数据库每两月更新一次，年新增数据1万条以上。

7. 标准

中外标准数据库（China standards database）收录了所有中国国家标准（GB）、中国行业标准（HB），以及中外标准题录摘要数据共计240余万条，其中中国国家标准全文数据内容来源于中国质检出版社，中国行业标准全文数据收录了机械、建材、地震、通信标准，以及由中国质检出版社授权的部分行业标准。

8. 法规

中国法律法规数据库（China laws & regulations database），收录始于1949年，涵盖国家法律法规、行政法规、地方法规、国际条约及惯例、司法解释、合同范本等，权威、专业，每月更新，年新增量不低于8万条。

3.2.2 平台特色

1. 学术检索的强力入口

通过对中国科学技术信息研究所、国家科技报告服务系统、泰勒 · 弗朗西斯期刊论文等50多家学术文献服务商或出版平台的学术文献进行整合，为用户提供统一、高效、精准的中外文学术资源检索发现服务，打造信息总量多、覆盖范围广、内容质量优、服务方式全的学术检索发现基地，持续提升用户的知识获取与利用能力。平台检索入口如图3-52所示，展示了创研平台、数字图书馆、科研诚信等多版块多类别检索入口。用户可以根据自己的需求，进入相应版块类别，实现精准、快速检索。

2. 多粒度的资源揭示

依托主题词表与引文库建设，构建多维度、多层次、内容深度关联的知识组织脉络；支持检索结果的细化分层和多维聚类，帮助用户在海量资源中快速定位匹配结果，如图3-53所示。

图 3-52　平台检索入口

图 3-53　平台检索目录页

3. 智能化的检索推荐

提供跨语言检索、语义检索等多种智能检索方式。综合考虑用户使用情境、行为偏好、学科领域、教育背景等要素，实现智能排序调整与个性化推荐，帮助用户发现高学术价值的资源。

平台在高级检索和专业检索处新增智能检索方式，主要有中英文扩展检索和主题词扩展检索。中英文扩展指的是对检索词进行中文英文的扩展检索，扩大检索范围；主题词扩展指的是基于主题词表，对检索词扩展同义词和下位词，帮助用户保证查准率的条件下，扩大检索范围，提升检索的查全率。

同时，增加了作者发文检索，可以输入作者名称和作者单位等字段来精确查找相关作者的学术成果。

3.2.3　平台资源检索类别

1. 统一检索

知识服务平台v2.0首页的检索框即为统一检索的输入框，实现多种资源类型、多种来源的一站式检索和发现，同时，它还可对用户输入的检索词进行实体识别，便于引导用户更快捷地获取知识及学者、机构等科研实体的信息。

在统一检索的输入框内，用户可以选择想要限定的检索字段，目前共有五个可检索字段：题名、作者、作者单位、关键词和摘要，如图3-54所示。

图3-54　统一检索入口

用户可以单击检索字段进行限定检索，也可以直接在检索框内输入检索式进行检索。例如，用户想检索题名包含“青蒿素”的文献，用户可以单击“题名”字段检索，检索式为：(题名:青蒿素)。除此之外，用户也可以自主输入检索式检索，例如(标题:青蒿素)、(题目:青蒿素)、(题:青蒿素)、(篇名:青蒿素)、(t:青蒿素)、(title:青蒿素)，如图3-55所示。

图3-55　检索式检索

万方智搜默认用户直接输入的检索词为模糊检索，用户可以通过英文双引号来限定检索词为精确检索。例如，用户想要“信息资源检索”方面的文献，检索式为：(信息资源检索)，即为模糊检索，检索式为：（“信息资源检索”）为精确检索。

另外，用户也可以在检索框内使用not、and、or对检索词进行逻辑匹配检索，其中and可以用空格代替。例如，用户想要“信息检索”和“本体”方面的文献，检索式为：（信息检索 and 本体）或（信息检索 空格 本体），如图3-56所示。

图3-56　逻辑匹配检索

2. 分类检索

万方智搜为用户提供了不同资源的分类检索，包括期刊、学位、会议、专利、科技报告、地方志等资源。用户可以通过单击检索框上部的资源类型进行检索范围切换。

万方智搜可检索篇级文献，也可以检索期刊母体、会议、志书。

期刊检索可以实现期刊论文检索和期刊检索，输入检索词或限定字段并输入检索词，单击“搜论文”按钮，实现对期刊论文的检索；输入刊名、刊号，单击“搜期刊”按钮，实现对期刊母体的检索，如图3-57所示。

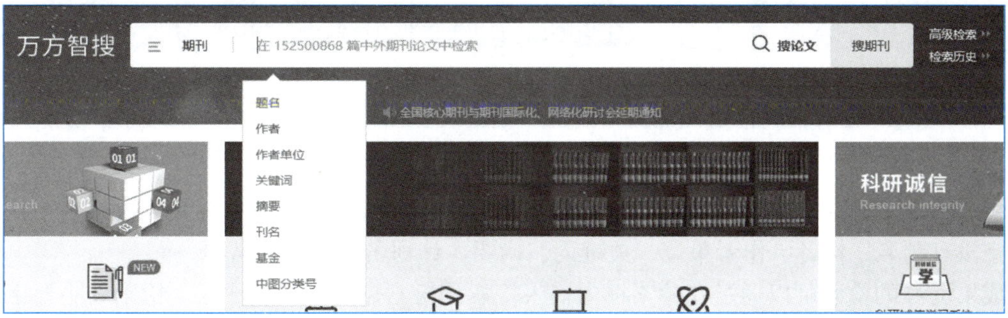

图3-57　期刊检索

学位资源的检索可以通过在检索框内输入检索词直接检索，也可限定字段后检索。可检索的主要字段有题名、关键词、专业、导师、学位授予单位等，如图3-58所示。

会议资源的检索可以实现会议论文检索和会议检索。在检索框内输入检索词单击“搜论文”按钮，实现会议论文检索；输入会议名称，单击“搜会议”按钮，实现会议检索。会议论文可检索的主要字段有题名、关键词、会议名称、主办单位等，如图3-59所示。

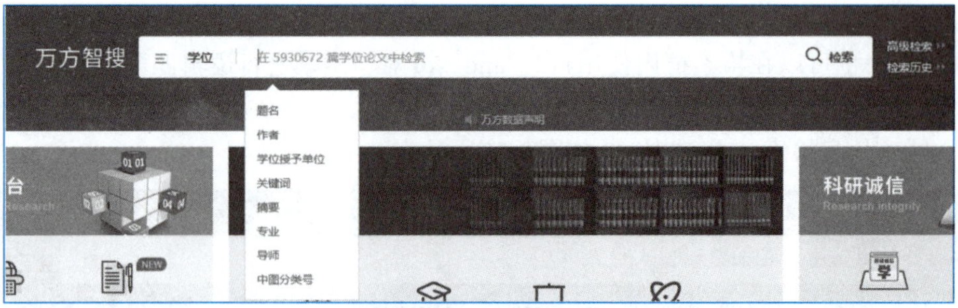

图3-58　学位检索

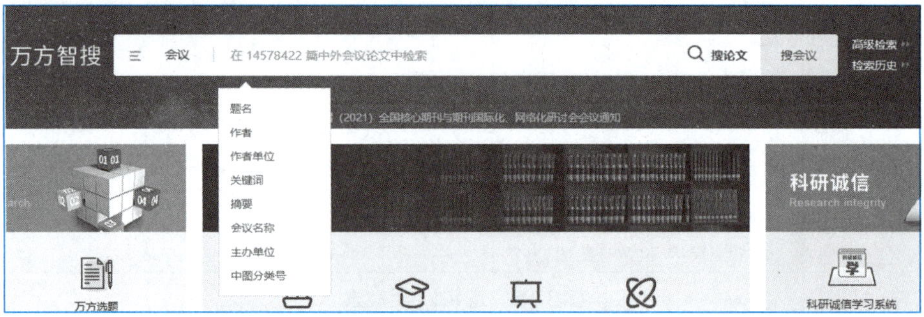

图3-59　会议资源检索

专利资源的检索可以通过在检索框内输入检索词检索需要的专利。检索的主要字段有题名、分类号、发明人/设计人、申请人/专利权人等，如图3-60所示。

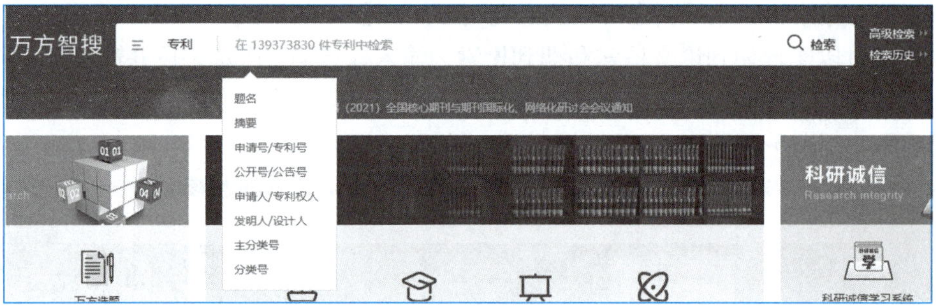

图3-60　专利信息检索

科技报告资源的检索可以通过在检索框内输入检索词检索需要的中英文科技报告。检索的主要字段有题名、作者、作者单位、关键词、摘要、计划名称、项目名称。

成果资源的检索可以通过在检索框内输入检索词检索需要的科技成果。检索的主要字段有题名、完成人、完成单位、中图分类号、关键词、摘要。

标准资源的检索可以通过在检索框内输入检索词检索需要的中外标准。检索的主要字段有题名、关键词、标准编号、起草单位、发布单位。

法规资源的检索可以通过在检索框内输入检索词检索需要的法律法规。检索的主要字段有题名、颁布部门、终审法院。

地方志资源的检索可以通过在检索框内输入检索词检索需要的新旧方志条目或者志书。检索的主要字段有正文、题名、编纂人员、编纂单位。

视频资源的检索可以通过在检索框内输入检索词检索需要的视频。检索的主要字段有标题、主讲人、机构和关键词。

3. 高级检索

万方智搜检索框的右侧有高级检索的入口，单击“高级检索”按钮进入高级检索界面，如图3-61所示。高级检索支持多个检索类型、多个检索字段和条件之间的逻辑组配检索，方便用户构建复杂检索表达式。

图3-61　高级检索界面

在高级检索界面，用户可以根据需要，选择想要检索的资源类型和语种，通过 + 或者 − 按钮添加或者减少检索条件，通过“与”“或”“非”限定检索条件，可以选择文献的其他字段，如会议主办方、作者、作者单位等检索，还可以限定文献的发表时间和万方数据文献的更新时间，同时高级检索也提供了精确和模糊的选项，满足用户查准和查全的需求。

4. 专业检索

单击“高级检索”按钮进入高级检索界面，然后选择“专业检索”，如图3-62所示。

图3-62　专业检索

专业检索是所有检索方式中比较复杂的一种检索方法。需要用户输入检索式来检索，并且确保所输入的检索式语法正确，这样才能检索到想要的结果。每个资源的专业检索字段都不一样，详细的字段可展开进行选择，如图3-63所示。

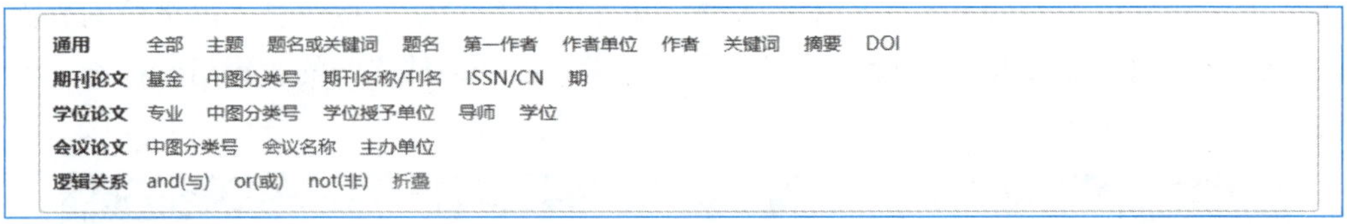

图3-63　专业检索字段

用户如果不确定想要检索的检索词，可以使用推荐检索词功能，输入一些语句，单击“提取检索词”按钮，得到规范的检索词，如图3-64所示。

图3-64　推荐检索词

例如，检索主题为推荐，发表在情报学报上的期刊文献，检索式为“主题:(推荐) or 刊名:(情报学报)”，检索结果如图3-65所示。

图3-65　推荐检索词检索结果

5. 作者发文检索

作者发文检索是通过输入作者名称和作者单位等字段来精确查找相关作者的学术成果。用户可以选择想要检索的资源类型，通过 + 或者 - 添加或者减少检索条件，通过

“与”“或”“非”限定检索条件进行检索。可以检索第一作者，并且能够同时检索多个作者的成果，如图3-66所示。

图3-66　作者发文检索

6. 智能检索

高级检索在检索界面右下角添加了智能检索功能，如图3-67所示。智能检索包括中英文扩展和主题词扩展。

图3-67　智能检索入口

7. 智能识别

智能识别指的是用户输入检索词，系统可以识别检索词的实体类型，智能提示用户是否要查找该实体，如图3-68所示。

例如，在检索框里，输入检索式“张建国”，系统识别张建国属于学者，因而优先展示作者张建国发表的文献，并提供所有同名学者的名片供用户选择。

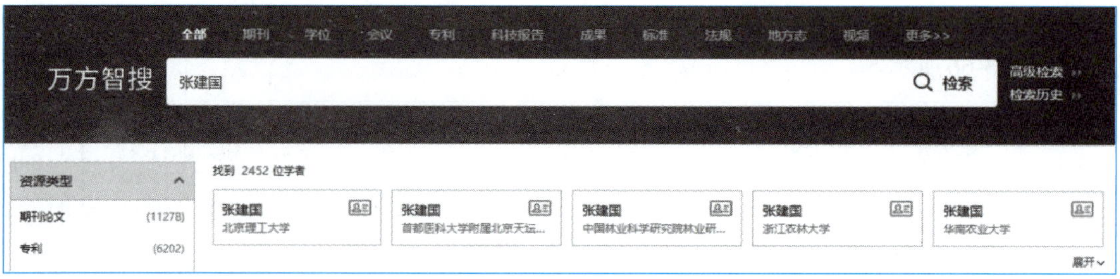

图 3-68　智能识别结果

例如，在检索框里，输入检索式“情报学报”，系统识别情报学报为期刊名称，提示用户是否要查看《情报学报》这本期刊，如图 3-69 所示。

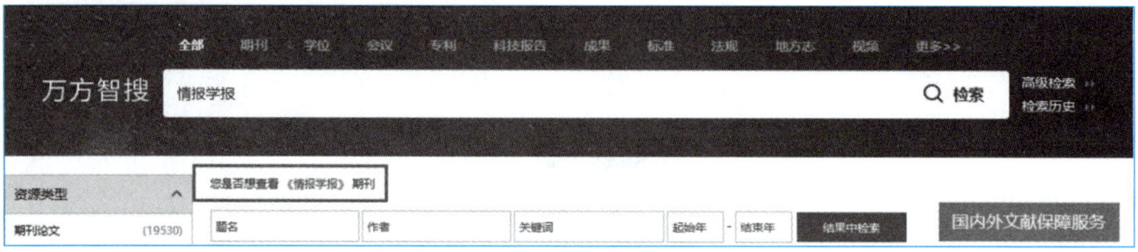

图 3-69　智能识别提示

8. 二次检索

在检索结果页面，还可以对该检索结果进行二次检索。二次检索可以对检索字段进行限定检索。二次检索的检索字段根据不同的资源会有所不同，主要有题名、作者、关键词、起始年、结束年。

例如，在检索框里，输入检索式“信息”，得到如图 3-70 所示检索结果。

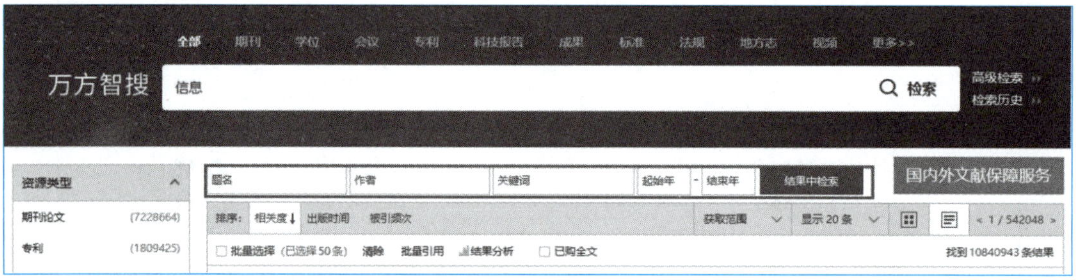

图 3-70　检索结果

对检索结果进行二次检索，限定标题为“资源管理”，检索结果如图 3-71 所示。

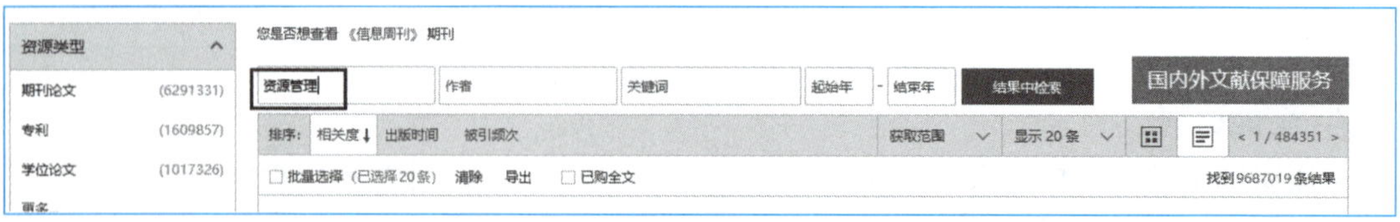

图 3-71　二次检索

单击“结果中检索”按钮，对检索结果进行精简，得到如图 3-72 所示检索结果。

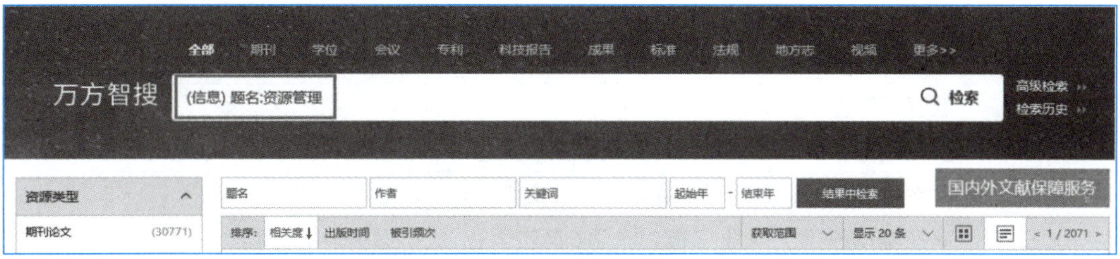

图 3-72　二次检索结果

3.3　维普中文期刊服务平台

3.3.1　平台介绍

1. 公司背景

重庆维普资讯有限公司前身为成立于 1989 年的中国科技情报研究所重庆分所数据库研究中心，是中国第一家进行中文期刊数据库研究的专业机构。

作为中国数据库产业的开拓者和奠基人，维普资讯依托深厚的行业背景、强大的数据加工能力，为我国高等院校、公共文化单位、情报研究机构及个人，提供专业、全面的学术文献资源的数字化应用服务。同时，凭借强大的数据挖掘、数据分析能力，将学术文献资源与应用实践相结合，不仅为用户提供优质的学术文献使用体验，更为用户提供集知识发现、知识管理、知识服务于一体的专业信息解决方案。

2. 产品介绍

产品全名：中文期刊服务平台，产品简称：维普期刊、中刊平台。

数据库名：《中文科技期刊数据库》CHINA SCIENCE AND TECHNOLOGY JOURNAL DATABASE。

数据库英文简称：CSTJ。

中文期刊服务平台是由原中国科学技术情报研究所重庆分所，现维普资讯有限公司推出的中文学术期刊大数据服务平台。依托《中文科技期刊数据库》数据支撑，自 1989 年推出，现已成为中文学术期刊最重要的传播与服务平台之一，成为国内教育、科研重要的学术资源基础设施。

3. 期刊在各学科分布情况

《维普中文期刊数据库》是根据《中国图书馆分类法》分类的，共八大专辑，每个专辑中所含内容见表 3-2。

表 3-2　期刊在各学科分布情况

学　科	分 布 情 况
社会科学	哲学、宗教、社会科学总论、政治、法律、军事、语言、文字、文学、艺术、历史、地理等
经济管理	经济学、世界各国经济概况、经济史、经济地理、经济计划与管理、农业经济、工业经济、信息产业经济、交通运输经济、旅游经济、邮电经济、贸易经济、财政、金融

续表

学　科	分 布 情 况
教育科学	教育、体育
图书情报	文化理论、世界各国文化与文化事业、信息与知识传播、科学、科学研究
自然科学	自然科学总论、数理科学和化学、天文学、地球科学、生物科学
农业科学	农业基础科学、农业工程、农学(农艺学)、植物保护、农作物、园艺、林业、畜牧、动物医学、狩猎、蚕、蜂、水产、渔业
医药卫生	预防医学、卫生学、中国医学、基础医学、临床医学、内科学、外科学、妇产科学、儿科学、肿瘤学、神经病学与精神病学、皮肤病学与性病学、耳鼻咽喉科学、眼科学、口腔科学、外国民族医学、特种医学、药学
工程技术	一般工业技术、矿业工程、石油、天然气工业、冶金工业、金属学与金属工艺、机械、仪表工业、武器工业、能源与动力工程、原子能技术、电工技术、无线电电子学、电信技术、自动化技术、计算机技术、化学工业、轻工业、手工业、建筑科学、水利工程、交通运输、航空、航天、环境科学、安全科学

3.3.2　平台功能简介

1. 多维度字段，一框式检索

对于一般用户，平台默认使用一框式检索，用户在首页检索框中输入检索词，单击“检索”按钮即可获得检索结果。用户还可以通过设置检索命中字段，从而获取最佳检索结果。平台支持题名或关键词、题名、关键词、文摘、作者、第一作者、作者简介、机构、基金资助、分类号、参考文献、栏目信息、刊名等十余个检索字段，如图3-73所示。

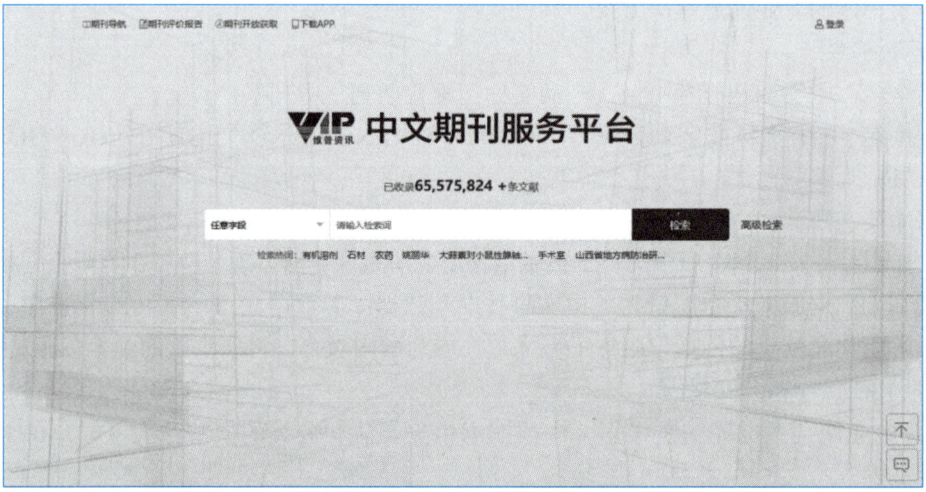

图3-73　一框式检索

2. 多种专业检索方式并用

① 高级检索：平台为熟练用户和专业用户提供了更丰富的检索方式，统称为“高级检索”，具体包括向导式检索和检索式检索。用户可以运用布尔逻辑运算，进行多条件组配检索，一步获取最优检索结果。

② 向导式检索：亦称“组栏式检索”，指用户可以运用“与”“或”“非”的布尔逻辑关系将多个检索词进行组配检索。用户可以对每个检索词分别设置检索命中字段，并且通过时间范

围限定、期刊范围限定、学科范围限定来调整检索的数据范围；还可以选择“精确”和“模糊”两种匹配方式，选择是否进行“中英文扩展”和“同义词扩展”，通过更多的检索前条件限定，获得最佳的检索结果，如图3-74所示。

图3-74　向导式检索

③ 检索式检索：提供给专业级用户的数据库检索功能。

用户可以自行在检索框中书写布尔逻辑表达式进行检索。同样支持用户选择时间范围、期刊范围、学科范围等检索限定条件来控制检索命中的数据范围，如图3-75所示。

图3-75　检索式检索

3. 检索结果寻优

中文期刊服务平台提供了基于检索结果的二次检索、分面聚类筛选、多种排序方式，方便用户快速找到目标文献，如图3-76所示。

页面说明：

① 二次检索：在已有检索结果的基础上，通过“在结果中检索”选定特定检索内容，或者通过“在结果中去除”摒弃特定检索内容，缩小检索范围，进一步精炼检索结果。

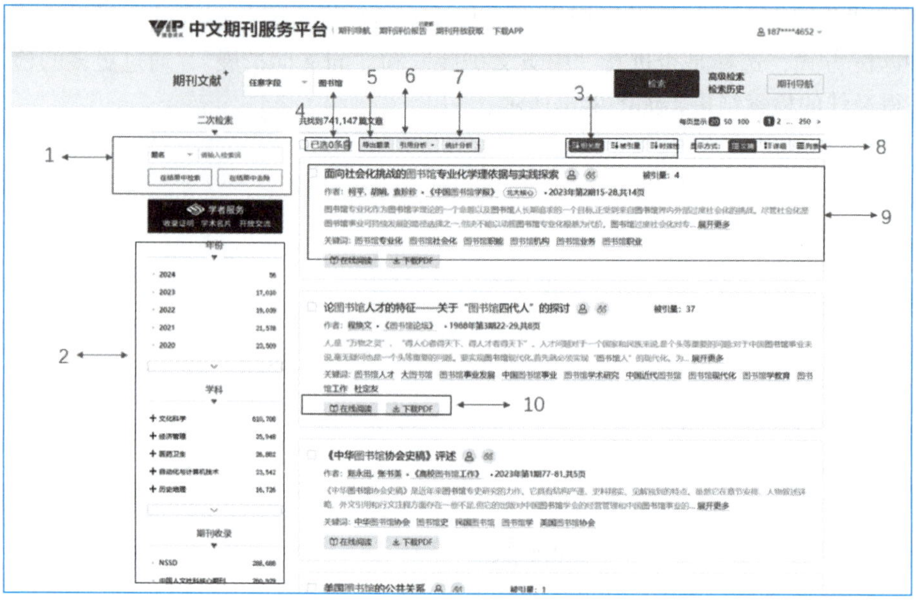

图3-76　二次检索筛选及排序

② 检索结果聚类：平台提供基于检索结果的年份、学科、期刊收录、相关主题、期刊、发文作者和相关机构的分面聚类功能，各聚类项执行“且”的检索逻辑，用户可以通过单击相关聚类项，进行结果的聚类筛选。

③ 检索结果排序：平台提供相关度排序、被引量排序和时效性排序三种排序方式，用户可以从不同维度对检索结果进行梳理。

④ 文献选择：平台提供已选文献集合的文献管理功能，用户可以对已勾选内容进行题录导出和计量分析。

⑤ 导出题录：平台支持文献题录信息的导出功能，支持的导出格式为文本、查新格式、参考文献、XML、NoteExpress、Refworks、EndNote、Note First、自定义导出、Excel 导出。用户可以勾选目标文献，单击“导出”按钮后选择适当的导出格式实现此功能。

⑥ 引用分析：可对单篇或多篇文献题录的参考文献和引证文献进行汇总分析，同样以查询结果的形式返回具体数据，帮助用户有效梳理研究主题的来龙去脉。

⑦ 统计分析：提供对“检索结果”和“已选文献集合”的统计分析功能，分析文献集合的年份、发文作者、发文机构、发文期刊、发文领域等多维度的分布情况。

⑧ 查看视图切换：平台支持文摘、详细和列表三种文献查看方式，用户可以按需进行视图切换。

⑨ 文献题录查看：可以在题录列表中详细浏览文献题录信息，根据显示方式的不同，文献题录显示详略不一，主要有题名、作者、机构、来源和期次等。

⑩ 首页信息预览：在文摘和详细视图下，用户可以单击题名右侧的“在线预览”按钮，以实现文献首页的内容预览，快速判断文献参考价值。

4. 全文获取，多种对象化关系追踪

在检索结果页面，单击题名，即可查看当前文献的详细信息，并进一步实现与文献相关的多种操作，如图3-77所示。

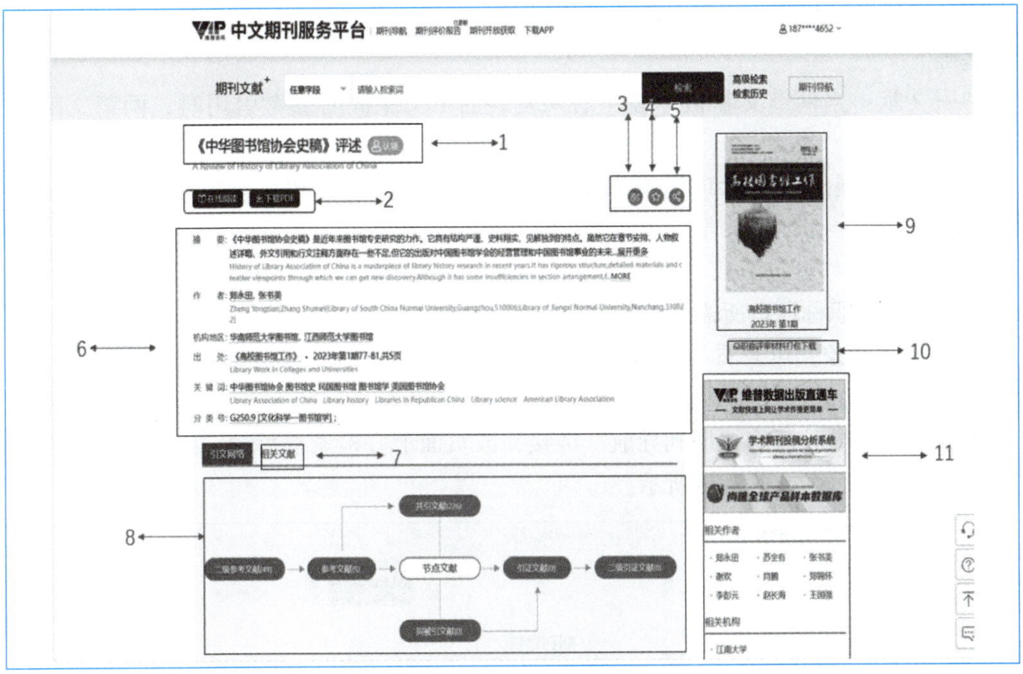

图 3-77　对象化关系追踪

页面说明：

① 题录中英文对照：文献详情页提供文献题录相关字段的中英文对照。

② 文献的全文获取：平台提供包括“在线阅读”“下载 PDF”等方式获取文献。

③ 文章引用：用户可单击引用按钮，系统会根据用户需求生成该文章相关内容的标准引用格式，以便用户在撰写论文、报告等文档时能正确引用文章中的内容。

④ 文章收藏：用户可单击收藏按钮将自己喜欢的文章收藏到个人中心。

⑤ 文章题录导出：文章详细页同样提供题录导出，提供文本、查新格式、参考文献等十种导出格式。

⑥ 题录细览：可获取该篇文献的详细题录信息，单击字段所附链接，即可获得对应的字段检索内容。

⑦ 相关文献：提供与本文献研究领域相关的文献推荐，用户可以单击相关文献题名，获取相关文献信息。

⑧ 引文脉络：理清一篇文章从创作到利用的整个引用情况，既能回溯到该篇文章参考文献的参考文献，也能查询到该篇文章引证文献的引证文献。单击相关引文链接，即可定位到相关引文列表。

- 参考文献：指作者写作文章时引用或参考的文献，反映该文章研究工作的背景和依据。
- 二级参考文献：指本文参考文献的参考文献。进一步追溯本文研究领域的背景和研究依据，反映本文研究工作的源流。
- 引证文献：指引用本文的文献。本文研究工作领域的继续、应用、发展或评价。
- 二级引证文献：本文引证文献的引证文献。更进一步反映本文研究工作的继续、发展或评价。

- 同被引文献：指与本文同时被作为参考文献引用的文献，与本文共同作为进一步研究的基础。
- 共引文献：当两篇文献被一篇（后来发表的）文献同时参考引用时，两篇文献之间的关系。

⑨ 期刊信息展示：展示该篇文章所属的期刊信息，包括刊名（封面）、该篇文章在的期次。

⑩ 职称评审材料打包下载：单击该按钮，即可一键获得包含文章目录、封面、封底、题录和全文在内的全部职称评审所需文献材料。

⑪ 相关知识对象：可查看与该篇文献相关的主题、作者、机构等知识对象。

5. 期刊导航功能

单击页面顶部导航区的“期刊导航”链接，或页面上方检索框后的“期刊导航”按钮，均可进入期刊导航页面，如图3-78所示。

图3-78　期刊导航

页面说明：

① 期刊检索：可以切换检索字段，实现期刊资源的检索；平台支持以下检索字段：“刊名”“ISSN”“CN”“主办单位”“主编”“邮发代号”。

② 聚类筛选：平台提供核心刊导航、国内外数据库收录导航、地区导航、主题导航多种期刊聚类方式，方便用户按需进行切换。

③ 期刊收录：显示目前平台期刊收录种数。

④ 按首字母查找：可以通过期刊刊名首字母的方式查找期刊。

⑤ 按学科浏览：可以通过学科类别的方式浏览期刊。

6. 单本期刊详细报告

单本期刊详细报告如图3-79所示，可查看期刊的详细报告，包括分析、详情、收录汇总、评价报告等。

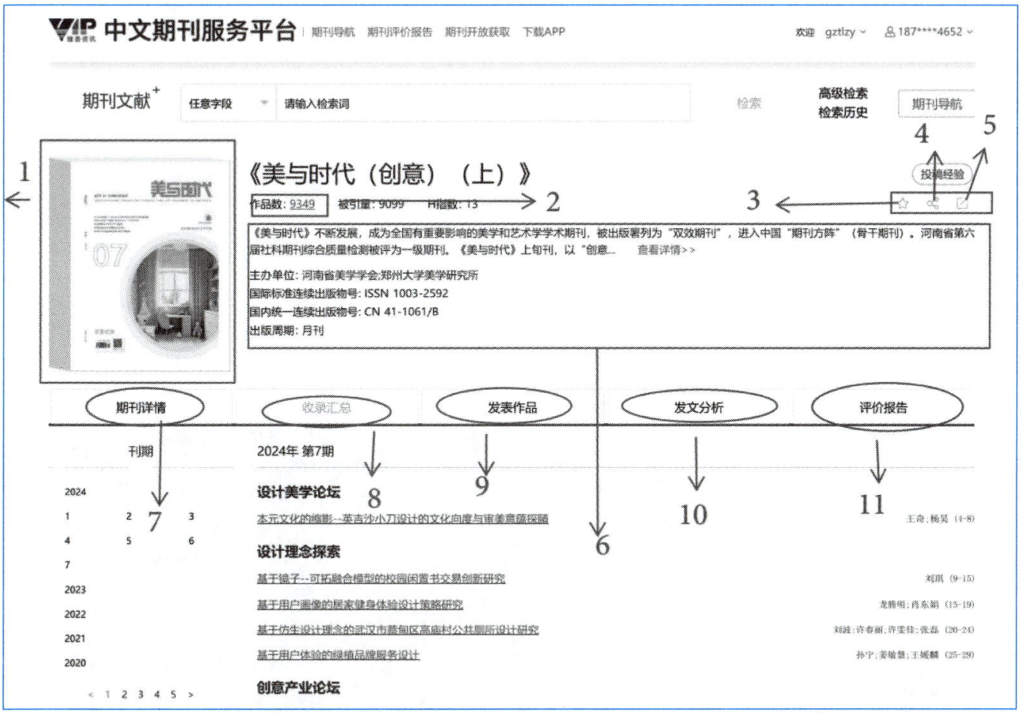

图 3-79　单本期刊详细报告

页面说明：

① 封面目录查看：单击即可查看该期刊各期次的封面、封底及目录信息。

② 发文情况概览：查看期刊发文作品详情。

③ 关注期刊：单击期刊关注按钮，进入个人中心时即可对以往已关注期刊进行查阅。

④ 分享期刊：用户可以将自己感觉有价值的期刊快速分享到微信、微博、QQ 等社交平台。

⑤ 分析报告：单击查看期刊计量分析报告，同时支持导出该分析报告。

⑥ 期刊详情展示：查看期刊的详尽信息，包括曾用名、主办单位、ISSN 号等基本信息，以及期刊的获奖情况、国内外数据库收录情况等。

⑦ 期刊详情：对该期刊的期刊信息、期刊简介和收录情况做了详细的叙述。

⑧ 收录汇总：对本期刊的历年收录文献的期次以及每期具体收录内容进行详细有序的显示。

⑨ 发表作品：采用文章结果详情的页面结构，对本期刊收录的所有发表文章进行详尽展示，可以根据搜索和聚类查看自己需求的文章。

⑩ 发文分析：完整透析出本期刊学术成果以及相关发文对象的统计，更能使整个分析数据一键导出 PDF，供用户使用。

⑪ 评价报告：整合近十年期刊学术评价指标的分析数据，引用期刊领域权威的学术分析指标。

7. 双向授权功能

在读者 IP 范围内打开中文期刊知识服务平台，使用中文期刊助手 App 扫描平台右上角馆外授权二维码或者连接学校Wi-Fi即可对手机移动端授权；授权后的手机同时扫校园外的计算机，即可对校园范围外的计算机授权，打破了传统的IP授权模式，从而随时随地免费使用中文期刊知识服务平台上的文献资源。

3.4　超星汇雅电子书

3.4.1　概述

打开超星汇雅电子书首页，如图3-80所示。

图3-80　超星汇雅电子书首页

在当今信息爆炸的时代，人们对于知识的渴求愈发强烈，而超星汇雅电子书正是满足了这一需求。它凭借其海量资源和多途径阅读的特点，深受广大读者的欢迎。

1. 海量资源

超星汇雅电子书是全球较大的中文数字图书馆之一，电子图书总量超百万种，每年图书的更新量超过十几万种，涵盖中图分类法22个大类，如图3-81所示。汇集全国700多家专业图书馆的大量珍本、善本，以及部分稀缺文献资源，为读者提供全面、专业、准确的图书资源阅读。此外，还提供电子图书的全文检索、目次检索等多途径和手段深入检索方式。

图3-81　超星汇雅电子书分类

同时，超星电子图书每月更新“主题书单”，让读者畅享阅读，如图3-82所示。

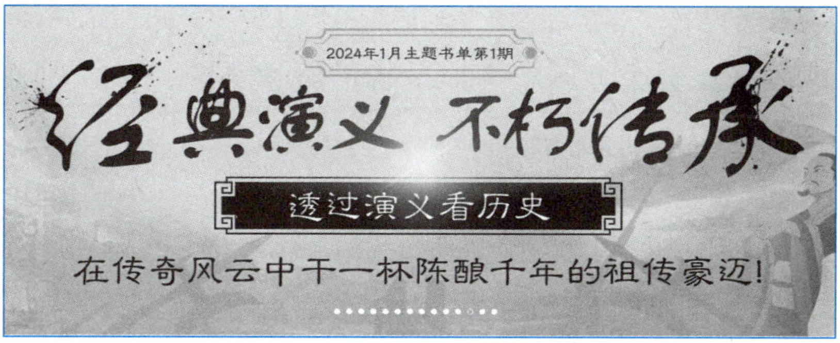

图3-82　主题书单

并且，超星电子图书紧贴时事热点，根据不同分类策划优质特色专题，帮助用户高效选书，沉浸在书海世界，如图3-83所示。

图3-83　特色专题

2. 多种阅读途径

超星电子图书平台提供多种在线阅读方式，包括网页阅读、PDF阅读、EPUB阅读等，提供图像、文本多种阅读方式供用户选择。同时，部分书籍支持移动端扫码阅读，更好地契合不同的使用需求。

超星电子图书平台的使用方法如下：

在单位IP段内，用户可直接访问超星电子图书平台；在单位IP段外，可通过学习通账号密码登录超星电子图书平台。

3.4.2　图书检索方式

1. 图书资源的普通检索

在首页搜索框直接输入检索词，可进行书名检索，在二级页面可切换检索类别，可定位到书名、作者、目录或全文中，然后单击“搜索”按钮，在海量的图书数据资源中进行查找，如图3-84所示。

2. 分类图书资源的查找

在首页单击分类名，将跳转列表逐级对图书进行浏览，如图3-85所示。

进入相应分类，可看到该分类目录下的相关检索结果，如图3-86所示。

图 3-84　普通检索

图 3-85　分类检索

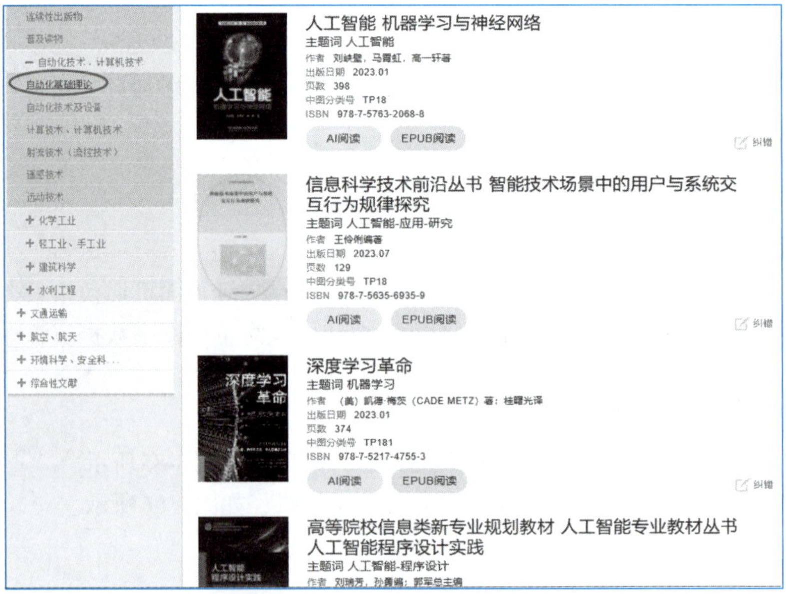

图 3-86　分类检索结果

3. 高级检索查找图书资源

在二级页面，单击“高级检索”，在文本框中输入图书的任一信息，可精准定位到需要的图书，如图3-87所示。

图3-87　高级检索

3.5　MET全民英语

3.5.1　平台介绍

“MET全民英语”是中国图书馆学会阅读推广委员会主办的“全国‘图书馆杯’全民英语口语风采展示活动”赛事平台，集教学视频、口语听力、语音评测、口语竞赛、学习激励为一体的英语多媒体学习平台。通过多类目课程资源、多场景会话视频、领先智能语音评测、交互式互动赛事，让广大学者通过多说、正确说，克服“哑巴英语”的心理障碍，讲出一口地道、纯正、流利的英语，真正有效提高英语应用能力。

在图书馆的应用中，充分体现了图书馆多元化、数字化等新型服务手段，展现图书馆学习中心的服务特质，如图3-88所示。

图3-88　MET全民英语

3.5.2　课程资源

“MET全民英语”课程资源围绕英语听和说，涵盖英语应用的所有场景，适合各个行业、年龄、水平的学习者，涉及中国故事、会话应用、行业英语、商务职场、考试通关、新闻杂志、单词训练等。课程包括以下几类：

1. 中国故事类

世界听我说——品传统文化、中国地理常识、中国历史常识、中国文化常识等。

2. 会话应用类

旅游情景英语会话精讲、英语语音语调精讲、社交英语精讲、生活消费英语精讲、旅游场景英语精讲、电话场景英语精讲、校园场景英语精讲、英语口语会话大全、英语名言警句大全、英语谚语精选、旅游观光英语、实用基础会话、疯狂英语会话、留学校园英语、电话英语、日常消费英语、来去美国、美语走天下、人际交往情景对话、生活起居情景对话、休闲活动情景对话、工作与文化情景对话、大众传媒与社会情景对话、自然环境与情感情景对话、大众娱乐情景对话、时尚运动情景对话、趣味生活情景对话。

3. 行业英语类

酒店服务情景英语精讲、旅游服务英语精讲、英语课堂教学用语精讲、跨境电商英语精讲、餐饮服务情景英语精讲、图书馆常用英语、导游英语、外贸英语、文秘英语、银行英语、财会英语、警察英语、计算机英语、教师交流英语、运动员英语、体育英语（场馆情景应用）、国际会展（MICE）英语、航空服务英语、国际航线飞行英语、涉外酒店英语、烹饪厨房英语、涉外餐饮英语、机械英语、护理英语、医患英语情景对话、医学英语听说教程、医学常识英语、实用医护口语、中医英语会话、生化专业术语、公共卫生专业术语、物流英语、汽车行业英语、艺术英语、影视英语、农林英语、法律英语听说教程、时政英语、军事英语、服装英语、纺织服装外贸英语、电子商务英语、工程造价英语、市场营销英语、新闻传播学专业英语、汽车服务与营销英语、环境艺术设计专业英语、化工行业英语。

4. 商务职场类

会展服务情景英语精讲、面试场景英语精讲、面试英语、商业英语、商务场合简报英语、国际会议演讲英语、商务谈判交涉英语、MBA 英语——营销管理、MBA 英语——财务管理、MBA 英语——研发管理、MBA 英语——销售管理、MBA 英语——生产管理、商务交际英语口语。

5. 考试通关类

四六级写作技巧精讲、雅思口语-简答精讲、雅思口语-陈述精讲、高等学校英语应用能力考试 AB 级、全国公共英语等级考试三级口语课程、全国公共英语等级考试三级词汇课程、全国公共英语等级考试三级听力课程、大学英语四级听力全真试题、大学英语四级听力模拟试题、美文阅读、大学英语六级听力全真试题、大学英语六级听力模拟试题、英语专业四级考试听力真题集、英语专业四级考试听力模拟题、英语专业八级考试听力真题集、英语专业八级考试听力模拟题、六级写作范文精选、英语专业八级考试口语特训、考研英语复试听力测试、考研英语复试口语测试、BEC 剑桥商务英语听力、商务英语考试听力实战、突击雅思口语高分、雅思口语真题集、雅思听力真题集、剑桥雅思考试全真试题、托福口语万用模板、托福考试口语真题。

6. 新闻杂志类

走遍美国、英语世界、英语角杂志、说英语杂志精选、ChinaDaily 英语听力等。

7. 单词训练类

国际学术英语词汇集、大学英语四级考试精选词汇、大学英语六级考试精选词汇、托福考试精选词汇、托业官方核心单词集、新托业高频词汇、旅游英语口语词汇大全、军事英语（单词与表达）、电子商务单词课程、新闻传播学专业英语单词课程、服装英语单词课程、酒店服务英语单词课程、工程造价英语单词课程、汽车服务与营销英语单词课程、环境艺术设计专业英语单词课程、市场营销英语单词课程、纺织服装外贸英语单词课程。

3.5.3 平台功能

1. 视频课程，精读讲解——精细化视频教学

精讲教学视频围绕课程词汇、语音语法、社交礼仪、文化背景等方面进行讲解和拓展，通过丰富的视觉和听觉体验，帮助学习者更好地理解英语的发音、语调、语法和用法，融会贯通，提高学习效果，如图 3-89 和图 3-90 所示。

图 3-89　视频教学示例（一）

图3-90　视频教学示例（二）

2. 场景模拟，口语教练——模拟真实交流环境

通过单句练习、角色扮演、模仿跟读、听力训练、考试检测五个循序渐进的学习模式，搭配智能语音分析系统、人机对话训练系统，为学习者提供一个可以24小时随时随地进行英语沟通的虚拟英语家教，通过模拟真实的口语场景，提高英语听力和口语表达能力，更好地理解和应用语言，全面建立学习者的英语沟通环境，快速提升英语听说能力，如图3-91所示。

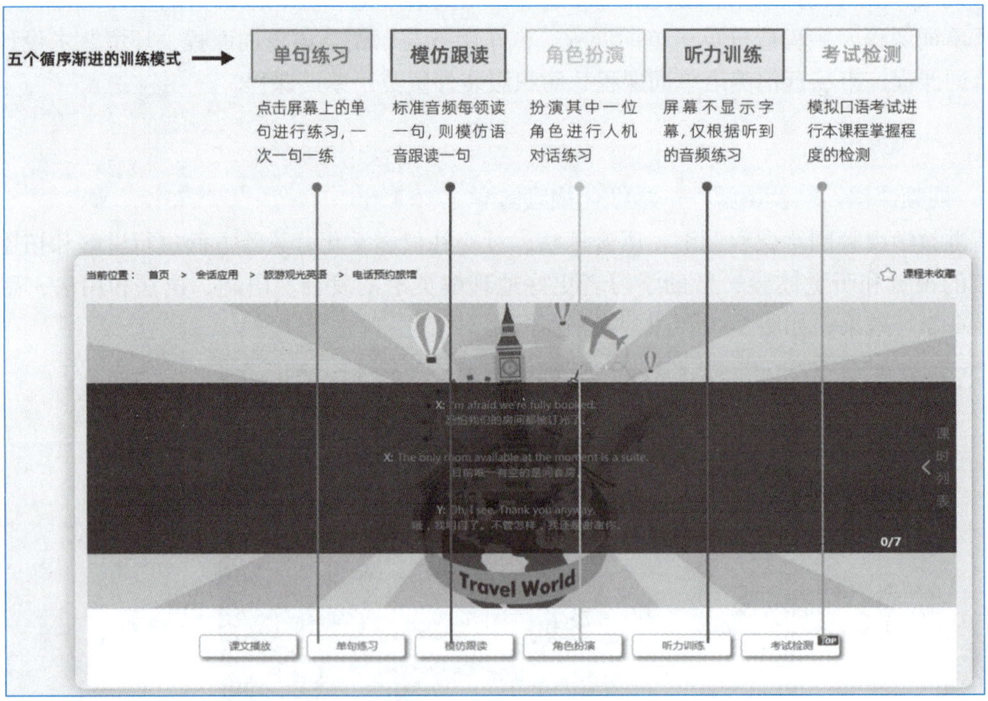

图3-91　模拟口语教练

3. 智能评分，矫正发音——大数据AI智能语音分析评测系统

运用大数据AI智能语音分析评测系统，即时分析学习者的音素、音标、单词、句子，从准

确度、完整度、流利度等多维度综合评分，及时提供反馈和评估。同时针对错误发音，应用3D口型动画指导矫正发音，囊括美式英语、英式英语两种发音口型动画图，如图3-92所示。

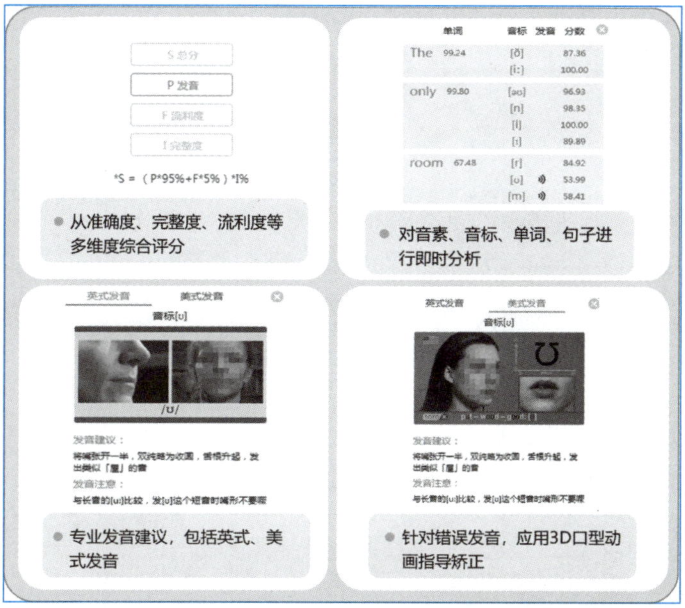

（a）评测界面（一）

（b）评测界面（二）

图3-92　AI语音评测系统

4. 真人PK，学练一体

颠覆传统英语学习方法，引入竞争、社交、游戏机制，不仅能自学自练，还能双人对练，以游戏PK的方式打破学习的枯燥，让英语学习更有趣、更有效，如图3-93所示。

5. 口语大赛，提高竞技

“MET全民英语”季度赛定期举办，不设门槛，全民参与。学习者足不出户、随时随地参赛，在线进行英语口语交流和竞技。实时评分自动排名，以赛促学，以赛代练，有效提高英语应用能力，如图3-94所示。

图 3-93　真人 PK 训练

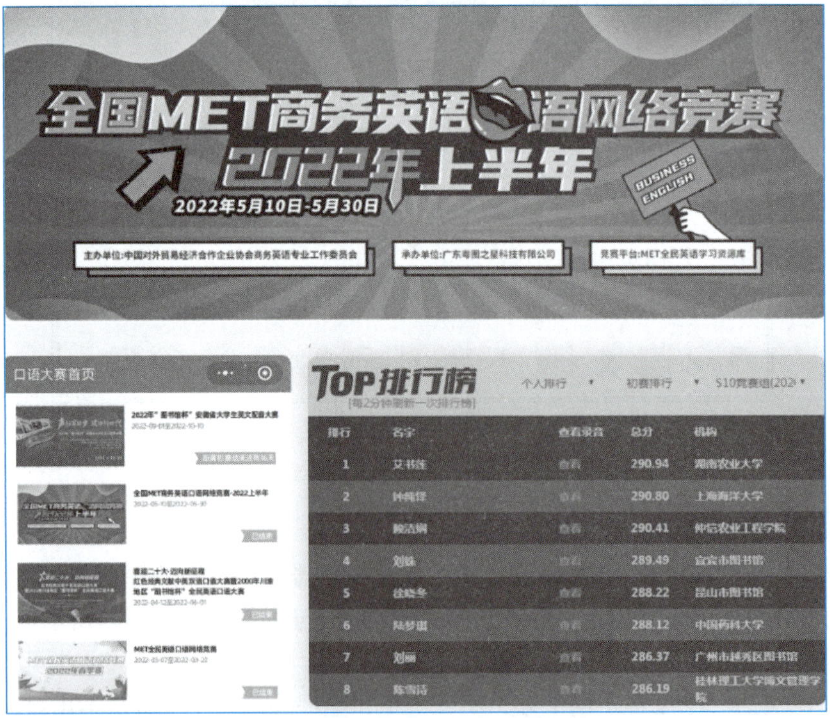

图 3-94　商务英语网络竞赛

6. 移动应用，方便快捷

多端适配，搭载微信小程序，无缝对接图书馆微信公众号，方便快捷，随时随地开口说，如图3-95所示。

7. 兔币商城，激励学习

为了帮助学习者保持学习的动力和热情，广大学习者通过本馆进行学习、训练、竞赛均可获得金币奖励，金币可参与精美礼品兑换。以赛促学以赛代练，提高学习者兴趣，促进其学习和成长，如图3-96所示。

图3-95　MET手机端

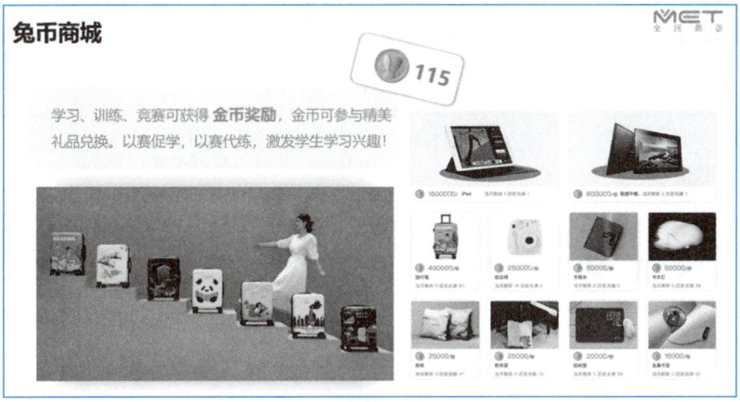

图3-96　兔币激励学习

8. 大咖学院，榜样力量

一群在“MET全民英语”平台成长起来的尖子生，围绕学习、生活、职场分享英语视频。他们既是良师又是益友，通过同龄人的视角和共鸣给后进者启发，让后进者向A+能力和态度奋发。

3.5.4　平台检索方式

1. 快速搜课

为让用户能够快速找到想要的课程，平台按课程类型设置了快速导航及搜索。打开平台首页，可以通过搜索框进行快速搜课，在左侧导航栏可以快速进入分类课程，如图3-97所示。

图3-97　快速搜课

2. 专题检索

从图3-97左侧栏可以进入相应主题，如中国故事，会出现检索页面，如图3-98所示。

图3-98　中国故事

3.6　翼狐设计学习库

3.6.1　学习前置

在学习“翼狐设计学习库”的章节之前，先做一个小实验。如图3-99所示，请仔细观察，你的第一反应是什么？

彩色图

图3-99　颜色与心理

图中展示的是一组不同颜色的颜料。我们知道，颜色是人类视觉感官能够感知的一种现象，它既存在于自然环境中，也渗透到了人们的生活、工作和学习中。那么，颜色究竟如何影响人们的心理状态和情绪？下面将深入探讨这个问题。

3.6.2　颜色与心理的关系

颜色对人们的心理和情绪产生的影响早已引起了广泛关注。实际上，颜色与心理的关系可以追溯到古代文化和哲学等领域。

如图3-100所示，DISC性格色彩测试是一种广泛应用于评估个人性格特征的工具。这个测试可以帮助人们更好地了解自己的性格特点，从而在日常生活中发挥自己的优势，改进不足之处。下面将详细介绍DISC性格色彩测试的基本原理和具体操作步骤，以便读者能够深入了解并掌握这一实用方法。

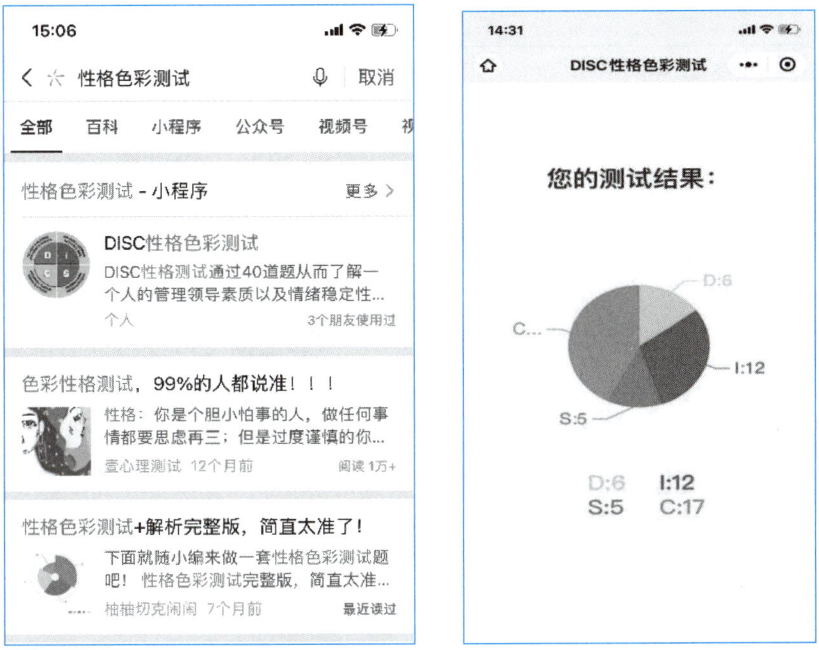

图3-100　DISC性格色彩测试

首先，需要了解DISC性格色彩测试的四个基本类型：D（支配型）、I（影响型）、S（稳定型）和C（谨慎型）。每个类型都有其独特的性格特点和行为方式，以下是对这四个类型的简要概述。

① 支配型（D）：这类人具有强烈的领导欲望和竞争力，善于指导和控制他人。他们果断、自信，能够在压力下保持冷静，但有时也可能显得过于强势和独断专行。

② 影响型（I）：这类人热情开朗，善于与人沟通，具有很强的社交能力。他们乐于助人，富有创新精神，但可能在决策时缺乏深思熟虑。

③ 稳定型（S）：这类人稳重、踏实，对人际关系有着高度的重视。他们乐于团队合作，善于协调和调解矛盾，但可能在面对变化时显得过于保守。

④ 谨慎型（C）：这类人严谨、细致，对待工作和生活都有很高的要求。他们善于分析问题和找出解决方案，但有时也可能过于苛求和拘泥于细节。

下面将详细介绍如何进行DISC性格色彩测试。测试共包括24道题目，每题有四个选项，分别为D、I、S、C。请根据自己在过去一个月内的表现，选择最符合实际情况的选项。在回答问题时，请尽量客观公正地评价自己，不要受他人意见的影响。

完成所有题目后，请将所得分数按照D、I、S、C的顺序排列，以便分析性格类型。以下是四类性格的典型特点：

① 支配型（D）：得分范围为24~14。

② 影响型（I）：得分范围为8~13。

③ 稳定型（S）：得分范围为5~7。

④ 谨慎型（C）：得分范围为1~4。

根据测试结果，可以制定更有针对性的方案，“翼狐设计学习库”“翼狐设计学习库”为用户提供更多有关色彩搭配的专业知识和实用技巧，使用户在设计领域游刃有余，如图3-101所示。

图3-101　翼狐设计学习库

3.6.3　翼狐设计学习库介绍

翼狐设计学习库是由翼狐网1 000万以上用户认可的海量内容沉淀，结合广州冠岳教育集团（广东省高新技术企业、广东省人力资源和社会保障厅推荐的指定职业技能培训线上平台机构、广州市科技创新小巨人企业）超10年设计创新教育经验打造而成的艺术设计在线数字资源平台。

适用人群：包含高校师生、职场人士、青少年及创新设计爱好者等。

资源及服务：资源分为视频教程、学习路径、翼狐LIVE、设计中心、比赛活动、资源下载、数字展览、图文资讯、设计导航等9大服务板块。用户可前来体验设计类视频课程观看学习、直播互动、利用现有的海量模板资源在线编辑及下载所需平面物料、参与创作比赛实践、学习PK等，如图3-102所示。

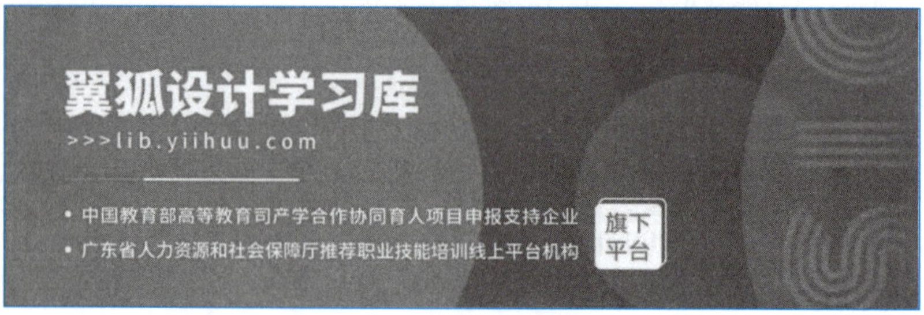

图3-102　翼狐设计学习库

图 3-102　翼狐设计学习库（续）

3.6.4　功能板块介绍

1. 视频教程

翼狐设计学习库的核心板块“视频教程”可供用户学习 PS、AI、PR、C4D、CAD、Maya、3ds Max、ZBrush、CorelDRAW、Houdini 等超 65 个新版本设计软件的视频课程，课程涵盖三维动画、游戏制作、影视后期、视觉设计、数字绘画、环境艺术、工业设计、UI 设计、摄影摄像等九大设计行业，拥有 30 000+ 总课时数、3 000+ 课时年课程更新量、并保持最新软件版本更新；3 000+ 项目案例工程文件素材，如图 3-103 所示。

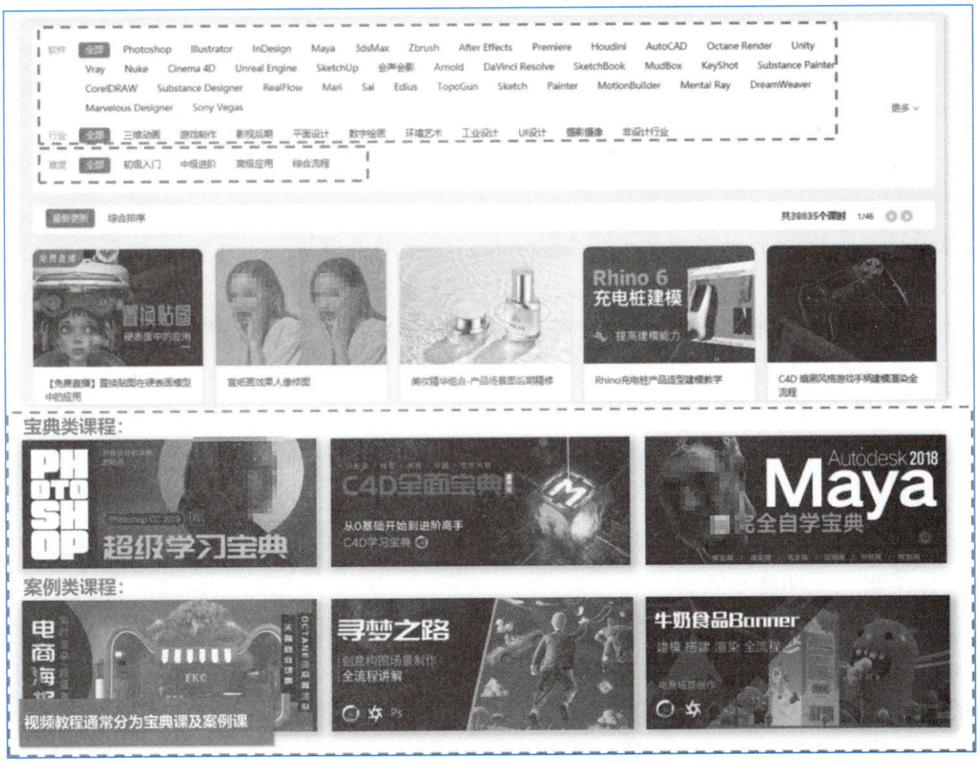

图 3-103　翼狐课程分类

2. 学习路径

学习路径是翼狐设计学习库专业团队根据不同职业方向和时下热点，为用户打造的学习规划中心。目前，翼狐设计学习库学习路径栏目已经更新了插画师、漫画师、电商设计师、包装设计师、UI设计师、摄影师、后期剪辑师、新媒体编辑、产品设计师、家装设计师等30多个热门相关职业方向及多个主题的学习路径及专题，帮助“想学习却不知从何学起”的用户开启设计学习之路，如图3-104所示。

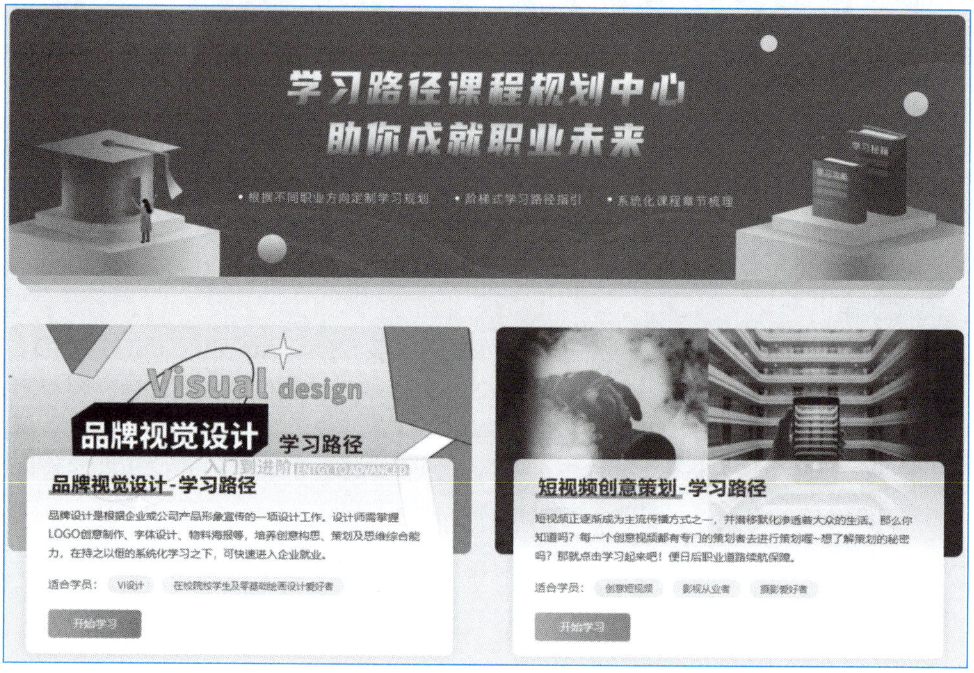

图3-104　翼狐课程规划中心

3. 翼狐Live

翼狐设计学习库线上直播板块——翼狐live，不定期会邀请行业大咖、业界名师进行各行业/专业设计相关的免费公益直播讲座或公开课，分享交流各种平面、剪辑、美术、摄影、版式设计、影视动画等方面的数字艺术创作经验、技巧、案例、答疑解惑及就业指导……纯干货分享教学，全程不带有任何营销性质，开播前一周平台会进行预热宣传，具体直播时间可关注“翼狐设计学习库”微信公众号发出的通知。支持PC端、移动端、小程序等观看方式，直播结束后可无限次观看回放，温习巩固。

4. 设计中心

设计中心是翼狐设计学习库为广大用户倾力打造的便捷式设计工具，分为在线设计、在线抠图、图片编辑三个功能专区。

① 在线设计功能：用户可通过简单的“拖拉拽”在线编辑和下载如简历、PPT、海报、名片、logo、新媒体封面图、电商图片、桌面壁纸及插画图片等上百种平面物料（自带模板），拥有超1亿张高清图片、超50万可进行个性化编辑的平面物料模板、10 000+特效音频、1 000+版权字体，如图3-105所示。

图 3-105　翼狐在线设计

② 在线抠图：用户上传图片即可进行自动抠图，可单击擦除、修补、修改背景，对抠图对象进行描边处理等操作，如图 3-106 所示。

图 3-106　翼狐在线抠图

③ 图片编辑功能：用户上传图片即可进行图片的参数调整、图片裁剪、文字添加、水印添加、局部消除等编辑，如图 3-107 所示。

图 3-107　翼狐图片编辑

5. 比赛活动

“创作活动”——以翼狐设计学习库资源内容为基础，定期举办一系列广大用户喜闻乐见的线上创作活动，营造良好的学习氛围，帮助前来学习的用户检验学习成果，如图3-108所示。

（a）

（b）

（c）

（d）

图3-108　翼狐创作活动

“学习排行”——为鼓励前来积极学习的用户，翼狐设计学习库每月举办一次“煲课达人”PK赛，鼓励更多的用户前来打卡学习，每月的具体参赛规则及其他详情可在页面按照提示或关注公众号每月初发布的活动通知查看，如图3-109所示。

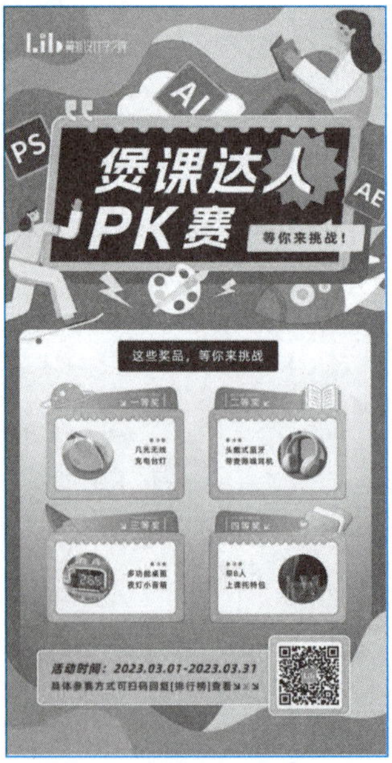

图3-109　翼狐煲课达人

6. 资源下载

用户可根据自己的需求通过行业或软件的资源分类，单击所需资源的下载按钮，即可将素材资源下载至本地，如图3-110所示。

图3-110　翼狐资源下载

7. 图文资讯

图文教程：以图文并茂的方式，加速用户的知识吸收与技能成长。

行业资讯：收集最前沿的设计行业资讯动态，让学员第一时间了解行业最新发展分析与趋势，力求在学习与实践中始终保持与时俱进，如图3-111所示。

图3-111　翼狐图文资讯

8. 数字展览

数字展览（作品广场、线上展览）：用户可单击浏览本库及其他高校、专业机构的优秀作品展览，如图3-112所示。

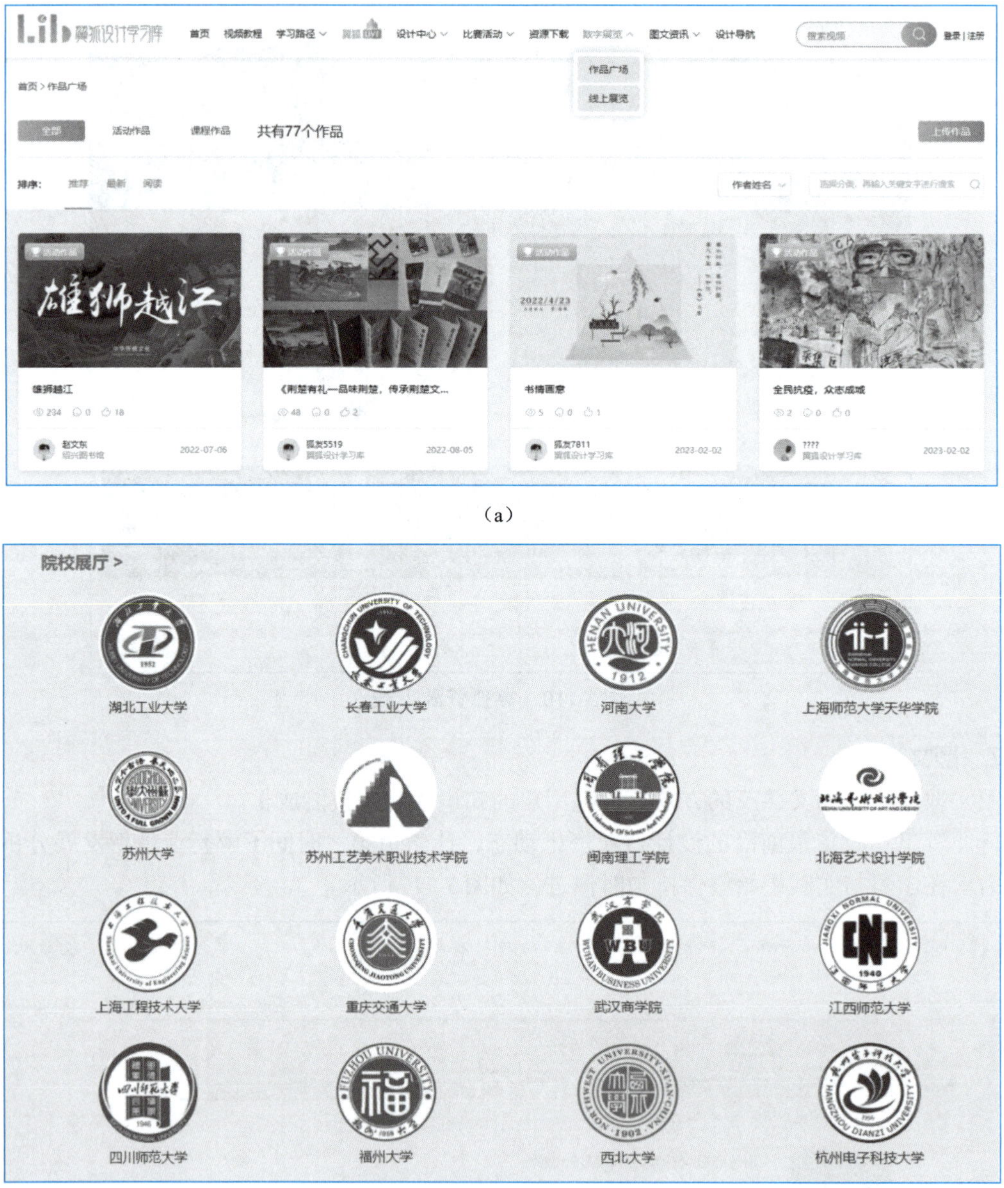

（a）

（b）

图3-112 翼狐数字展览

9. 设计导航

这里汇集了各类设计相关的实用网站和资源，用户一键即可到达相关的满足用户更多资源需求的界面，如图3-113所示。

图 3-113　翼狐设计导航

3.6.5　课程检索

翼狐设计学习库提供了快速检索、分类检索让学习者快速找到相关学习视频；用行业和软件来筛选课程，方便快捷，如图 3-114 所示。

图 3-114　快速搜索

单击搜索内容，跳转到筛选页面（见图 3-115），可以选择行业、软件以及难易程度，找到适合自己的学习视频。

图3-115 视频筛选

3.7 其他检索平台

3.7.1 中文检索平台

1. 掌桥科研（一站式科研服务平台）

掌桥科研的主界面如图3-116所示。

图3-116 掌桥科研主界面

掌桥科研是由六维联合信息科技（北京）有限公司开发的一站式科研服务平台，又称掌桥。掌桥科研致力于在科研活动全流程帮助科研人解决科研痛点，提升科研效率。

掌桥科研向科研人提供中文文献、外文文献、中文专利、外文专利、政府科技报告、OA文献、外军国防科技文献等多种科研资源的推广、发现、揭示、指引和辅助获取服务，以及自动文档翻译、人工翻译、文档格式转换、论文查重、收录引证报告、科技查新等科研工具服务，涵盖了理、工、医、农、社科、军事、法律、经济、哲学等诸多学科和行业的中外文献资源。

掌桥科研专门开发了大规模的文献题录数据库和功能强大的文献搜索引擎，并与各类权威的中外文献数据库建立稳定合作以提供原文辅助获取服务。

2. 国家哲学社会科学文献中心

国家哲学社会科学文献中心主界面如图 3-117 所示。

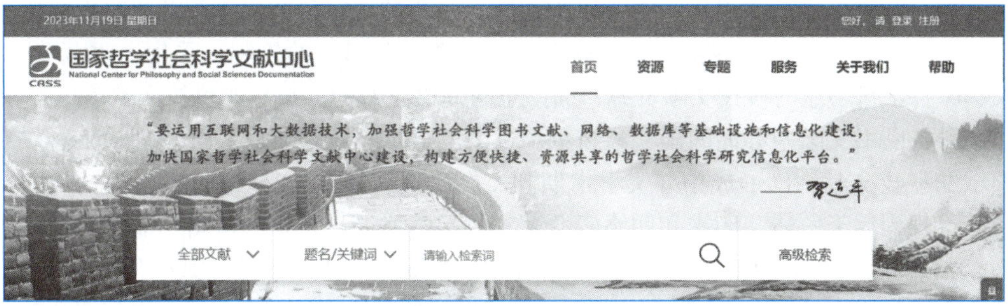

图 3-117　国家哲学社会科学文献中心主界面

“国家哲学社会科学文献中心”立足全国哲学社会科学领域，由国家投入和支持，开展哲学社会科学文献信息资源建设和服务。中心由中宣部指导，社科院牵头，教育部和新闻出版广电总局等相关部委配合，其他社科机构参与，共同建设和管理，依托社科院图书馆开展具体工作。

网站现有中文期刊、外文期刊、古籍等资源，收录哲学社会科学相关领域文献超过2 000万条，提供有线阅读、全文下载等服务；还收录有国内外哲学社会科学领域重要的政府机构、高等院校、学术机构以及数据库的链接，便于查阅、使用。支持App和微信小程序访问，可前往搜索“国家哲学社会科学文献中心”。

网站的使用流程如下：

① 在网站上找到“注册”页，按照要求填写注册申请，成为网站的注册用户。

② 登录后，使用文献检索、资源订阅、在线阅读、全文下载等功能。

3. 国家科技图书文献中心

国家科技图书文献中心主界面如图3-118所示。

图3-118　国家科技图书文献中心主界面

国家科技图书文献中心（national science and technology library，NSTL）（以下简称中心）是经国务院领导批准，科技部联合财政部等六部门于2000年6月12日成立的一个基于网络环境的科技文献信息资源服务体系，由中国科学院文献情报中心、中国科学技术信息研究所、机械工业信息研究院、冶金工业信息标准研究院、中国化工信息中心、中国农业科学院农业信息研究所、中国医学科学院医学信息研究所、中国标准化研究院国家标准馆和中国计量科学研究院文献馆九个文献信息机构组成。中心以构建数字时代的国家科技文献资源战略保障服务体系为宗旨，按照“统一采购、规范加工、联合上网、资源共享”的机制，采集、收藏和开发理、工、农、医各学科领域的科技文献资源，面向全国提供公益的、普惠的科技文献信息服务。

国家科技图书文献中心面向国家科技创新发展的需求，全面收藏和开发理、工、农、医等四大领域的科技文献，已形成中外文学术期刊、会议录、学位论文、科技报告、图书、专利、标准和计量规程等于一体，印本和网络资源互补的保障格局，是资源丰富、品种齐全的国家级科技文献信息资源保障基地。外文印本文献年度发订品种约2.4万种，其中外文期刊约1.5万种，外文会议录等文献约9 000种；面向全国开通网络版外文现刊400余种，回溯期刊3 589种，OA学术期刊14 000余种等。

（1）期刊

外文科技类期刊是NSTL收藏文献资源保障服务的主体，收藏外文科技期刊2万余种，期刊涉及140个国家和地区，1.1万个出版社，其中国外知名出版社和重点学协会出版的核心科技文献的覆盖率达到90%，NSTL独家收藏印本期刊超过6 000种；语种以英文为主，兼顾日文、德文、法文、俄文等34个语种；学科涵盖基础科学、工程技术、农业科学、医学科学及与科技创新交叉学科领域的科技期刊资源，读者可通过NSTL一站式检索到理工农医四大学科领域的科技印本、电子和OA期刊的相关信息。

（2）会议录

NSTL 收藏的国外学协会及出版机构等出版的会议录文献总量近20万册，占馆藏总量的48%。外文会议录涉及学协会15 500家，其中会议文献拥有2 119套独家收藏。重点学协会208个，涉及会议54 021种，其公开出版物NSTL基本全部收齐，即美国数学学会、美国物理学会、英国物理学会、美国光学学会、美国化学学会、美国海军工程师学会、美国电气与电子工程师学会、日本机械学会、日本机器人学会、国际地面车辆系统学会、美国航空航天学会、美国农业生物工程师学会、美国医学会、英国医学会等。

（3）学位论文

中文学位论文，收录1984年至今我国高校、科研院所授予的硕士、博士和博士后学位论文220多万篇，每年增加论文近30万篇。学科涉及自然科学各专业领域，涵盖全国1 400所高校及科研机构。

外文学位论文，收藏ProQuest公司出版的2001年以来的电子版优秀硕博士论文70多万篇，每年新增约四万篇，涉及自然科学和社会科学领域，涵盖924所国外高校及科研机构，是学术研究中十分重要的信息资源。

（4）科技报告

按照出版科技报告机构的性质，分为“政府报告”“国际组织报告”“市场报告”“技术报告”四部分。

美国政府四大科技报告，收藏年代1950—2017，包含194万多份全文，即国防部和三军系统（AD）、国家航天局（NASA）、能源部系统（DE）、商务部等政府部门（PB）；收藏民用技术领域、国防技术领域国家报告1.9万多份，收藏美、英、欧亚、中东等国家/地区的优势学科领域的技术报告、产业报告、咨询报告、市场报告，涵盖宏观市场信息、防务市场信息等5.7万份。

（5）中外文专利

NSTL收藏中外文专利包括中国专利数据1 250万余条；外国专利数据涵盖美国、英国、法国、德国、瑞士、日本、韩国、印度、以色列、加拿大等国家20世纪70年代以来的所有公开的发明和实用新型专利文摘，以及1978年以来的欧洲专利和世界知识产权组织专利文摘，共计1 400多万余条。

（6）标准/计量

NSTL收藏中文标准约54万余条，外文标准文献200万余条，主要涵盖国际组织标准、美国标准、欧洲标准、亚洲标准、大洋洲标准等数据库。计量检定规程3 600余条。

（7）图书

NSTL馆藏图书主要是外文科技类图书，包括科技丛书、文集汇编、工具书、科技专著的印刷版和电子版图书，目前馆藏总量11万余册，占NSTL馆藏文献全量的26%。出版物主要是大型商业出版机构和知名学协会、重点大学出版社，如Elsevier、Springer、Wiley、Taylor & Francis、HIS、日本电气学会、American Chemical Society、Cambridge University Press、Oxford University Press、FAO 等等出版的图书。工具书多为字词典、行业年鉴、手册、百科全书、机构名录等二次文献的检索性工具书和参考性工具书。学科范围主要覆盖工业技术、生物科学、数理科学和化学、天文学、地球科学、农业科学、医药卫生等。

4. 清华大学图书馆

清华大学图书馆主界面如图3-119所示。

图3-119　清华大学图书馆主界面

图书馆系统由总馆及文科、美术、金融、法律、经管、建筑六个专业图书馆组成，截至2022年底，清华大学图书馆（含专业图书馆及院系资料室）的实体馆藏总量约578.61万册（件），形成了基本覆盖全学科，包含丰富文献类型和载体形式的综合性馆藏体系。除中外文印刷型图书外，读者可使用的文献资源还包括：古籍线装书22.24万册；期刊合订本约63.44万册；年订购印刷型中外文报刊1 965种；本校博、硕士论文17.12万篇；缩微资料2.82万种；各类数据库938个；电子期刊17.44万种；电子图书845.12万册，电子版学位论文1 315.39万篇。

2017年，图书馆稳步完成图书馆管理服务系统由MILLENNIUM向ALMA的迁移及ALMA系统的上线工作。图书馆资源管理服务系统实现了对全网域资源的一站式检索和无缝获取，支持全校读者在任何时间、任何地点访问电子资源。图书馆在数据融合方面积极探索，建成清华大学学者库系统，可精细化管理学者的学术产出。

5. 国家工程技术数字图书馆

国家工程技术数字图书馆主界面如图3-120所示。

图3-120　国家工程技术数字图书馆主界面

国家工程技术图书馆于2000年经国务院批准正式成立，依托中国科学技术信息研究所60多年的馆藏，以及多年持续建设，已经成为国内最大的工程技术类文献信息资源收藏和服务中心，为国内科研创新提供持续有力的文献支持和战略基础保障。

在文献保障方面，国家工程技术图书馆馆藏文献基本对国内外工程技术领域高质量期刊、会议录等文献实现了全覆盖，同时形成了包括学位论文、博士后出站报告、美国政府科技报告、五国两组织专利等文献在内的特色资源体系。现馆藏印本资源660万余册，文摘数据超过一亿条、引文数据两亿条、全文数据六千万篇；国内外全文数据库、文摘数据库、事实型数据库和分析工具49种，在工程技术领域基本满足国内科技人员对文献检索和原文获取的需求。

在知识组织方面，中国科学技术信息研究所早在1980年就主持编制出版了我国第一部汉语知识组织工具《汉表主题词表》。并且随着数字时代的到来，为适应网络环境下知识组织与数据处理的需要，2009年国家工程技术图书馆启动《汉语主题词表》的改造修订工作，并分别于2014年和2016年先后出版了《汉语主题词表（工程技术卷）》和《汉语主题词表（自然科学卷）》，目前生命科学卷、社会科学卷正在修订和规划中。

在文献服务方面，借助于巨量馆藏和先进分析工具，国家工程技术图书馆开展了多层次信息服务体系。基于传统原文传递和代查代借等普惠服务，并积极开展各类专题情报服务，同时每年公开出版《中国高被引分析报告》，信息服务能力稳步提升，服务深度和广度都得到极大拓展。

国家工程技术图书馆还是我国重要的图情档学科研究机构，近年来，先后承担了数十项国家科技支撑计划、国家重点研发计划、国家自然科学基金、国家社会科学基金、国家博士后基金等国家级课题，省部级及其他课题近百项，取得大量研究成果。此外，国家工程技术图书馆还是ISO/TC46全国标准化组织信息与文献标准化技术委员会的秘书处单位，制定并颁布了数十项国家标准。这些标准的实施为推动我国图书、情报、档案、出版行业的标准化、信息化建设起到了重要作用。

3.7.2　外文网站

1. Sci-Hub

Sci-Hub是一个可以下载任意文献杂志的工具，只要输入想要下载的文献题目、DOI 等信息就可以获取该文献的真实地址并在线浏览、下载，如图3-121所示。

图3-121　Sci-Hub主界面

2. BASE

BASE 是德国比勒费尔德（Bielefeld) 大学图书馆开发的一个多学科的学术搜索引擎，提供对全球异构学术资源的集成检索服务。它整合了德国比勒费尔德大学图书馆的图书目录和大约160 个开放资源（超过200万个文档）的数据，如图3-122所示。

图3-122　比勒费尔德学术搜索引擎

3. PMC（PubMed Cenrtal）

PubMed Central（简称PMC）是美国国立卫生研究院提供的一项服务，存档生物医学，生命科学科研文献，PMC 获得 NLM（National Library of Medicine）的授权，收录存档生物 / 医学文献。随着技术的进步，目前文献的数字存储格式可能会淘汰，但 PMC 永久保存了这些内容。NLM 认为数字资料不是用来存储的，持续的应用才是物尽其用，因此免费是 PMC 的一个核心原则。但是免费并不代表没有版权，资料虽然存储在 PMC，作者和出版商才是版权的拥有者，所有使用 PMC 的用户必须遵守版权声明，如图 3-123 所示。

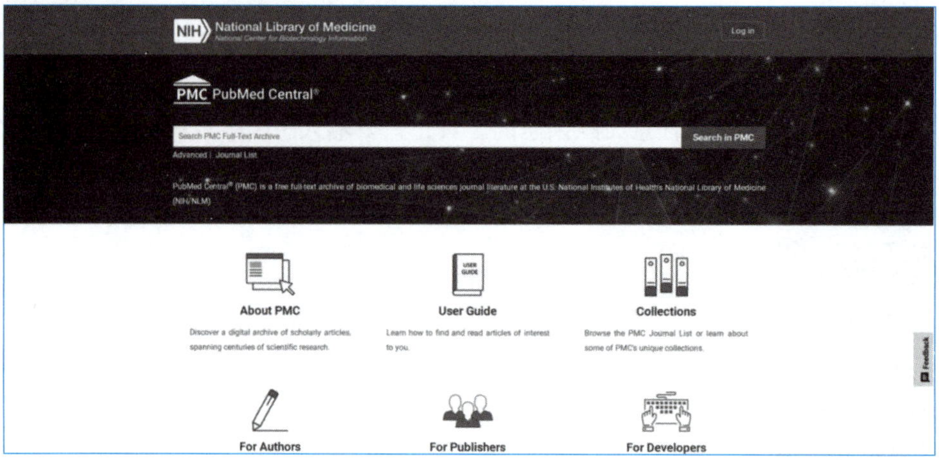

图 3-123　PMC 主页

4. DOAJ

DOAJ（directory of open access journal）由瑞典的隆德大学图书馆 Lund University Libraries 设立于2003年5月，其优势在于收录的期刊有着严格的质量控制，包括很多SCI收录的期刊。DOAJ收录的OA期刊数量非常多，属于目前最好的OA期刊目录网站。目前，DOAJ除了查询OA期刊外，还可以查询部分期刊的文章内容，如图3-124所示。

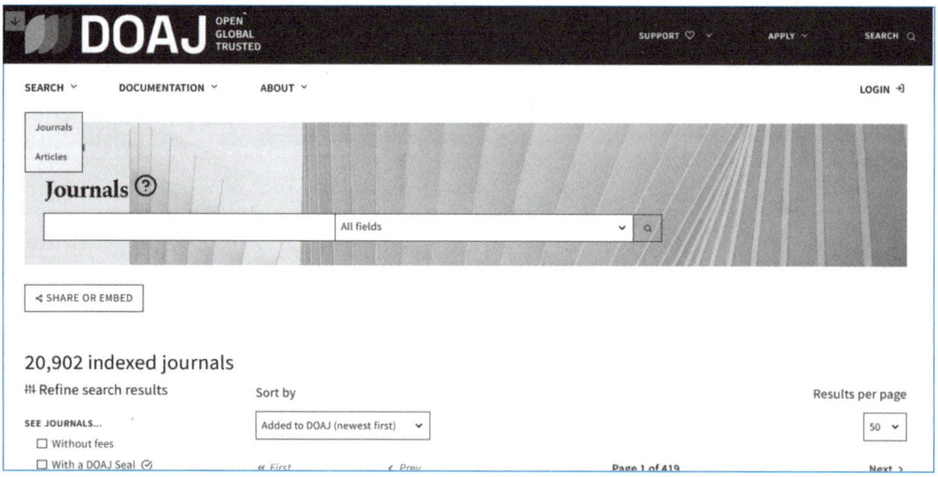

图 3-124　DOAJ 主页

5. arXiv

arXiv 的亮点是网站上的文章大多数都是投稿到学术期刊的文章，投稿作者对文章多半都保持严谨态度，只有少部分是一直保持预印本的形式。

目前 arXiv 文章类型主要分为七大类：物理、数学、非线性科学、计算机科学、定量生物学、定量金融学和统计。每个大类下面又分有若干子类，例如物理下面又具体分为天体物理、凝聚态物理、广义相对论等。文章类型内容分类非常专业和全面，如图 3-125 所示。

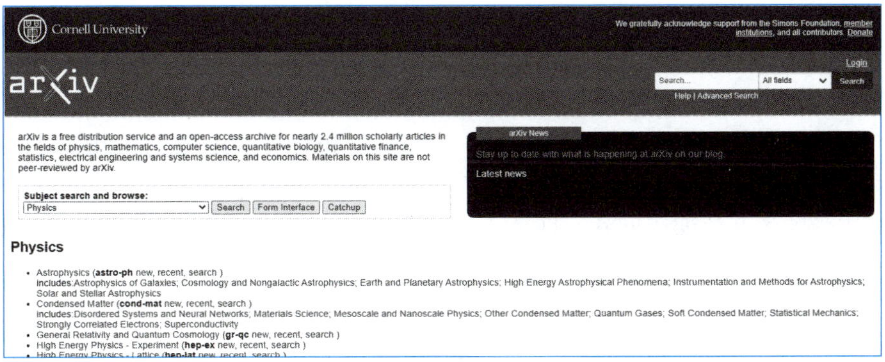

图 3-125　arXiv 主页

3.7.3　在线课程资源

1. MOOC 慕课

MOOC，即“大规模开放在线课程”，其参与者可以来自世界各地，而课程资源则主要分布在网络上。MOOC具有以下特点：

① 选课人数不限且免费。只要学习者感兴趣，就可以选择这些课程，且所选课程都是免费的。

② 教学环节丰富。针对每门课程，教师会在固定的时间授课，在此时间段内，学生和教师可以实时互动。此外，还有课堂互动答疑、课后作业等活动的设计，为学习者营造出真实的学习环境。

③ 微视频授课。

④ 全程跟踪每个学生的学习过程、详细分析每个学生的学习行为、系统总结每个学生的学习效果，使任课教师基本掌握每个学生的学习习惯，科学评价每个学生的学习成绩。

⑤ 即时性。MOOC是基于互联网、人工智能、多媒体信息处理、云计算等现代信息技术的一种网络教育新模式，具有更完整、更多样的教学环节。学生可以在任意时间、任意地点学习，学习更加自由、高效。

⑥ 规模大。MOOC课程具有开放性，可以提供大量的免费优质资源，因此参加MOOC的学习者人数众多，远远超过了传统课堂几十人或几百人的规模。

在我国，较为知名的MOOC平台包括：中国大学MOOC、学堂在线、智慧树、学银在线、好大学在线、人卫慕课、中国高校外语慕课、优课联盟。

2. 公开课

公开课是指学校或其他教育机构向公众开放的一种教育活动，通常以课程的形式出现。这种活动的目的是展示教育理念、教学方法和课程设计，同时也可以为学生和教师提供学习和交流的机会。公开课的形式多种多样，可以在学校内部进行，也可以在校际之间或在线上进行。

公开课的演变可以分为以下几个阶段：

① 校内公开课：校内公开课起源于20世纪初的美国，主要目的是提高教师的教学水平和促进教学方法的改革。在这一阶段，公开课主要以教师展示教学方法和技巧为主，逐渐得到了广泛关注。

② 校际公开课：随着教育交流的加强，校际公开课应运而生。校际公开课不仅促进了教师

之间的交流与合作，还有助于推动教育资源共享，提高整体教育水平。

③ 网络公开课：互联网的普及使得网络公开课成为可能。2006年，我国启动了“国家精品课程资源库”项目，将公开课推向全国乃至全球。此后，越来越多的名校和机构纷纷加入网络公开课的行列，如麻省理工学院的公开课项目（OCW）和斯坦福大学的公开课项目等。

在我国，广泛应用的公开课网站包括以下几个：

麻省理工学院的开放课程网站、耶鲁大学的公开课程网站、斯坦福大学的开放课堂网站、知名的TED演讲平台、一席演讲平台、网易公开课网站。

思考与练习

一、单选题

1. 在CNKI的专业检索中输入如下检索表达式：AU=向宏华 and (AF%"桂林理工大学图书馆" and AF%"桂林理工大学")，能找到下列（　　）文章。

A. PPP模式应用于公共图书馆志愿服务探析

B. 资源价格改革下的利益再分配研究

C. 图书馆众筹研究

D. 知识图谱视角下经济增长国际研究的文献计量分析

2. 在CNKI期刊论文数据库中，选择检索项（检索点）为“篇名”，检索词输入 (高职 + 旅游) * 文学 ,找到的结果是（　　）。

A. 篇名中含有“高职”和“旅游”，或者含有“文学”的文章

B. 篇名中含有“高职”或者“旅游”，并且含有“文学”的文章

C. “高职”“旅游”“文学”三个词篇名中必须出现其一

D. “高职”“旅游”“文学”三个词篇名中都必须出现

3. 在CNKI期刊论文数据库的高级检索界面，有些检索点后面可以对检索词设置“精确”或“模糊”的匹配方式（可选），但有些检索点则不能（不可选，选项是灰色的）。请问，下列检索点（　　）后面的匹配方式是不可选的（灰色）。

A. 篇名　　B. 主题　　C. 篇关摘　　D. 作者单位

4. 在万方数据库（万方数据知识服务平台）中查找2020年发表的、题名中包含“二甲双胍”这个关键词的期刊论文，找到的结果数量与下列（　　）数字最接近。

A. 987　　B. 1 684　　C. 1 901　　D. 2 039

5. 在维普数据库中检索包括“精神疾病"这个题名或关键词的文章，同时勾选同义词扩展功能，选择psychotic disorder、mental illness、“神经系统疾病”这三个同义词，时间限定为自收录起始年至2018年，找到的文章数量与下面（　　）选项匹配。

A. 不超过1 500篇　　B. 超过12 000篇

C. 将近10 000篇　　D. 超过18 000篇

6. 对维普期刊平台校外访问的描述，正确的是（　　）。

A. 可借助手机App“中文期刊助手”校园内登录获得校外访问权限

B. 计算机端，在校内登录维普主页，之后校外就可以下载全文

C. 权限时效15天

D. 只有获得维普校外访问权限，才可以在校外进行检索

二、多选题

在CNKI首页的综合检索中，检索项包括（　　）。

A. 主题　　B. 导师　　C. 作者　　D. 会议名称

三、操作题

1. 在CNKI（中国知网）中查找“刑诉法典”方面的资料，但不要“法文”方面的。请写出检索表达式。

2. 请在知网检索有关论述西游记的综述文献：

（1）请写出检索的具体步骤。

（2）列举命中文献的其中一篇作为说明。

3. 请在知网检索你所学专业领域权威的学术论文：

（1）请写出检索的具体步骤。

（2）列举命中文献的其中一篇作为说明。

4. 请举例说明在专业检索中布尔逻辑运算符的使用技巧。

5. 写出“防撞气囊在汽车安全中的应用”的检索式。

6. 研究“法律与经济和政治的关系”的课题，要如何设置检索式？

7. 在万方数据知识服务平台检索最新的关于“一带一路”的相关文献。

（1）请写出检索的具体步骤。

（2）请说明命中文献的参考价值。

（3）请就检索出来的界面二次检索2020—2023年发表的有关“一带一路”倡议的文献。

8. 在万方数据知识服务平台检索人工智能领域权威的文献资料：

（1）使用智能化的方式检索。

（2）列举命中文献并进行说明。

9. 在万方数据知识服务平台的高级检索中查找期刊论文，时间限定为2010—2018年，检索点选择“题名”检索词输入“终身学习”，匹配方式选择“精确”，看能检索出什么结果，请列举两到三篇的题名。

10. 请检索《南方论刊》这本期刊：

（1）请写出检索的具体步骤。

（2）说明从中看到了哪些信息。

11. 试着在超星汇雅电子书网站检索你喜欢阅读的主题图书，并阅读：

（1）请写出检索的具体步骤。

（2）谈谈超星汇雅电子书对你的学习和生活有什么帮助？

12. 请实操MET平台，说明这个资源对用户有哪些帮助。

13. 进入真人PK训练，角逐最强口语选手。

14. 在校园IP段内登录并注册翼狐设计学习库。

15. 简述翼狐设计学习库提供哪些资源。

16. 根据自己的爱好选择视频资源学习。

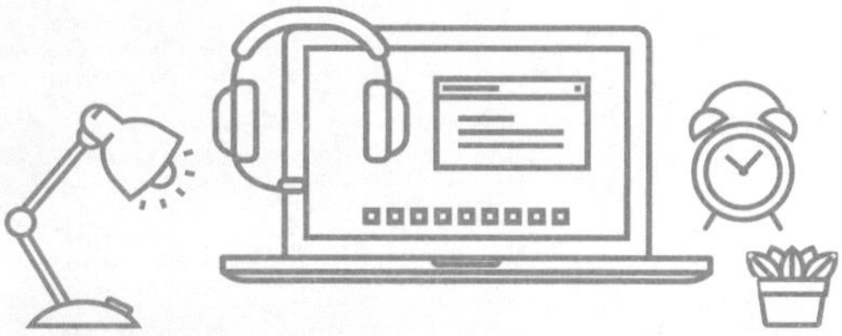

第4章 学术论文写作

在学术论文写作中，论文的排版是一个至关重要的环节。它不仅影响论文的可读性和美观度，更在一定程度上体现了作者的态度和专业素养。因此，掌握正确的论文排版技巧，对于提高论文质量、提升学术影响力具有重要意义。

4.1 论文排版

论文的排版可以分为前置部分、主体部分和其他部分。每个部分都有其独特的意义和功能，共同构建了一篇完整、有逻辑的文章。

首先，前置部分通常是文章的引子，它吸引了读者的注意力，为接下来的内容做了铺垫。接下来是主体部分，这是文章的核心部分，包含了作者的主要观点、论证和证据。这部分需要有条理地呈现论点、论据、结论等，让读者能够清楚地理解作者的思路。其他部分则是文章的结尾和附录，结尾部分总结了全文，使文章形成一个完整的闭环，让读者对文章的主题有更深刻的理解。附录部分则包含了文章中引用的资料、数据和图表等，以便读者查阅和参考。

4.1.1 前置部分

前置部分是论文排版中的一个重要环节，它应该包括下列各项：封面、封二、题名页、接序或前言、中文摘要、英文摘要、关键词、目次页、插图和附表清单、注释表等。

但是，其中有些项目只是在必要时才编写，一般性的学术论文是可以省略的。按目前大多数期刊发表论文的规定，前置部分有四项是必不可少的：题名、作者、摘要、关键词。

1. 题名

题名，又称题目、标题，要写得简短、凝练。正题名下，有的还有副题名（副标题），副题名前一般要加一个“——”。在许多长短篇新闻稿中，常常在题名之上还有题上项，但在学术论文中很少出现。

2. 作者

作者，分集体作者、多个作者和个人作者。集体作者要书写单位全称，准确表达。多个作者，要按论文贡献大小排列，由第一作者负主要责任。在编写工具书时，如著录此文，也往往是著录第一著者，而将第二、三著者省略。发表文章时，允许作者使用笔名，但学术论文，为了对其内容负责，目前一般使用真名，不用笔名。

多人作者在书写时，人名之间要用“,”号分开，并在人名最后一个字右上角标上“1、2、

3……”作者名字下加括号，内写作者单位，省市名称及邮政编码，以便读者联系，做数据库时扩大检索途径以便于统计。

3. 摘要

摘要是对论文核心内容的高度概括，一般为100~300字不等。摘要应准确表达论文的主题思想，必须认真编写。现在不少刊物论文的摘要写得很草率。有的一句话完事，可有可无；有的又写得过多，啰里啰唆。

4. 关键词

每篇论文的关键词一般为3~4个，不宜过多。关键词是做数据库时的检索词，过多过少都不利检索。关键词之间用“；”分开。

现在很多刊物要求将以上四项译成英文，附在整个论文之后。在英文资料后面又有作者简介，以介绍作者的生卒年月、工作单位、职务、职称和学术成果等，文字简明扼要，不宜太多。

4.1.2　主体部分

主体部分包括引言、正文、结论、致谢和参考文献。

1. 引言

引言是一篇论文的导言、绪言，说明论文主题的缘起、宗旨、写作目的和基本思路，以引启正文的着笔。引言也不是非要不可，有的论文就没有引言。

2. 正文

正文是论文的主体和论证的全部内容。正文部分一般都分几部分，每部分都有一个标题，大标题下又可列出几个小标题，很多人习惯将大标题以“一、二、三、……”表示，小标题以“1.、2.、3.……”表示。但如果论文不是很长，层次结构又能把握得很好，也可以不要小标题，一口气写下来，反倒语气连贯，思路完整，浑然一体。

但现在的标准格式要求用如图4-1所示的格式表示。

1
1.1
1.1.1
1.1.2
……
2
2.1
2.2

图4-1　正文标题格式

学术论文的结构可以概括为四类：纵贯式、并列式、递进式、综合式。

（1）纵贯式

纵贯式结构是一种以时间顺序为基础的叙述方式，它遵循事物发展的先后逻辑，或人们认识事物的规律，来构建文章布局。在涉及人物活动的时间推移、事物演变过程以及论述问题内在规律时，通常会采用此种结构形式，如图4-2所示。

目录结构

一、欧盟数字教育现状

- （一）数字技能水平较低
- （二）缺乏统一的指导标准和性别多样化意识

二、发布背景

三、改革举措

- （一）发展高绩效的数字教育生态系统
- （二）提高数字化转型的数字技能和能力
- （三）改善欧盟的数字教育合作

四、启示

- （一）加强数字技能培养与基础设施设备的支持
- （二）推进信息素养教育纳入课程体系
- （三）创建教育信息化合作交流平台

图4-2　纵贯式

（2）并列式

并列式是一种依据表现主题的需求，或依据物体在空间中的方位，或根据事物的本质属性、特征，以及资料类别来构建的文章结构。其特性在于，遵循论题，并通过不同事例的不同侧面来论证中心论点。通常，对于直接剖析或比较事物类别、差异的论述，会采用并列结构形式，如图4-3所示。

目录

一、高等教育、职业教育和继续教育融合的时代必然
（一）高等教育、职业教育和继续教育融合是互联网时代的必然趋势
1. 融合是互联网时代的典型特征
2. 融合推进流程再造、组织再造和制度再造
3. 高等教育、职业教育和继续教育融合是互联网时代的必然趋势
（二）高等教育、职业教育和继续教育融合是时代发展的必然要求
1. 高职继融合是实现教育强国目标的必然要求
2. 高职继融合是实现人才强国目标的必然要求
二、融合发展的核心要义和高职继融合的政策语境
（一）融合发展的核心要义
（二）高职继融合的政策取向：服务全民的终身学习体系
（三）高等教育构建高质量发展体系，建设高等教育强国
（四）现代职业教育提质培优、增值赋能、以质图强
（五）继续教育面向全民、服务终生、转型发展
三、融合视角下高等教育、职业教育、继续教育的问题
（一）高职继融合的基础要件未夯实
（二）高等学校的继续教育不够强
（三）本科层次职业教育未成规模
四、高等教育、职业教育、继续教育融合的对策建议
（一）提高互联网时代高职继融合的理性认知
（二）推进全国性终身教育等法规制定与出台
（三）探索深化关键制度改革试点
（四）加快发展高等继续教育和职业本科教育
（五）构建面向重点群体的“互联网+”高职继融合

图4-3　并列式

（3）递进式

递进式结构是依据材料的不同内涵和功能，将其分类别，各类之间或呈层层递进关系，或显因果逻辑来构建文章架构。当需要逐层揭示事理之间的分析综合逻辑关系、阐述观点时，经常采用此种结构形式，以确保论述逐步深入、环节紧密相连，如图4-4所示。

（4）综合式

综合式布局遵循综合需求为顺序，巧妙地将纵贯式、并列式及递进式相结合。在处理内容繁杂、素材丰富且篇幅较长的文章时，通常采用综合式结构为宜，如图4-5所示。

目录结构

一、"互动性"迭代：Chat GPT对广告传播业态的变革

- 1. 精准洞察、高效生产：Chat GPT提升广告传播互动的"个性化"
- 2. 即时响应、持续优化：Chat GPT实现广告传播互动的"循环性"
- 3. 多元形式、多样场景：Chat GPT打造广告传播互动的"情境感"

二、"互动性"升维：Chat GPT构建"消费者本位"的广告传播生态

- 1. "情理交融"的个性化互动：Chat GPT兼顾消费者的情感与信息需求
- 2. "有求必应"的循环式互动：Chat GPT增强消费者的参与度和控制力
- 3. "身临其境"的情境化互动：Chat GPT期待消费者感官的全面回归

三、"互动性"信任建构：Chat GPT对广告传播的挑战与应对

- 1. 提高人机协作能力，规避广告传播互动的"伦理失范"
- 2. 平衡商业利益与社会责任，防范广告传播互动的"隐蔽操控"
- 3. 行业、技术与法律多元共治，遏制广告传播互动的"隐私侵犯"

图 4-4　递进式

目录结构

一、坚持立德树人，优化课程教学目标

- (一)专业教学目标
- (二)思政教育目标

二、精心设计教学内容，深入挖掘思政元素

- (一)教学内容凸显新颖与时代性
- (二)教学内容设计体现新文科理念
- (三)教学内容蕴含丰富的思政元素

三、灵活使用教学方法，助力课程思政

- (一)案例教学法
- (二)专题教学法
- (三)翻转课堂教学法

四、改革课程评价方式及内容

- (一)改革课程评价方式，考核多元化全程化
- (二)考核内容知识、能力与素养提升并重

五、结语

图 4-5　综合式

实际应用中绝不止这几种，论文的结构形式可以千变万化，具体选择哪种形式，必须视情况需要而定。

3. 结论

论文的结论部分是最终的、总体的结论，不是正文中各段小结的简单重复。结论应该准确、完整、明确、精练。如果不可能导出应有的结论，也可以没有结论而进行必要的讨论。

结论部分的写作内容一般应包括以下几方面：研究结果说明了什么问题，得出了什么规律，解决了什么理论或实际的问题；对前人有关的看法做了哪些修正、补充、发展、证实或否定；本文研究的不足之处或遗留未予解决的问题，以及对解决这些问题的可能关键点和方向。结论部分的写作要求：措辞严谨、逻辑严密、文字具体。对尚不能完全肯定的内容注意留有余地。

4. 致谢

必要时可在文末以简短的语言对研究工作或论文写作提供资助、帮助、指导等的组织或个人致以谢意。

5. 参考文献

参考文献是论文主体不可或缺的部分，主要包括两部分：一部分是引用文献，即在正文中直接引用的文献的注释，或只是引用或借鉴了其观点和思想，并无原话。对于两种情况，都要在正文引用的文献资料的右上角，标示“[1]、[2]、[3]......”并与正文后的参考文献的序号一一对应。另一部分是参考相关文献，即不直接引用，只是在进行课题研究和写作论文时做了参考，可在文末参考文献中列出，但不必在正文标示序号。

4.1.3 其他部分

除上述前置部分、正文部分外，还有其他一些附加部分。这些部分在一般学术论文中是不必要的，只是在学位论文中出现，主要包括封面、外文扉页、声明、摘要、目次、图表目录、注释表、致谢、后记等。

4.1.4 论文排版示例

以下是一份论文排版示例，包括前置部分、论文主体和其他部分。

1. 前置部分

① 封面包含以下部分：

- 论文题目：简短、明确，能反映论文主题。
- 作者姓名：完整、清晰。
- 导师/指导教师：姓名、职称。
- 日期：完成日期。

② 中英文摘要：分别简明地介绍论文的研究背景、目的、方法、结果和结论，不超过300字。

③ 关键词：3~5个与论文主题密切相关的词汇或短语。

2. 论文主体

① 引言：

- 研究背景和意义。
- 研究目的和问题。
- 研究方法概述。

② 文献综述：

- 对研究领域的概述。
- 相关研究的主要发现和结论。

③ 研究方法：

- 研究设计。
- 数据采集和分析方法。

④ 研究结果：

- 研究结果的描述和解释。

• 图表和数据的展示。

⑤ 讨论：

• 对研究结果的深入分析和解释。

• 对研究局限性和未来研究的讨论。

⑥ 结论：

• 总结研究的主要发现和贡献。

• 对实践和未来研究的建议。

⑦ 参考文献

列出所有引用的文献，遵循相应的引用格式规范（如 APA、MLA 等）。

3. 其他部分

① 致谢：对给予帮助和支持的人或机构表示感谢。

② 附录：包含重要的数据集、程序代码、调查问卷等补充材料。

③ 个人简历：简要介绍个人教育背景、工作经历和专业技能等。

4.2 参考文献

学术论文写作中参考文献的引用和标注至关重要。准确、全面地引用参考文献，不仅体现了作者对学术领域的尊重和继承，还能提高论文的权威性和可信度。在参考文献的类型中，期刊、报纸和专著是主要来源，下面将对这三类参考文献的引用方式进行详细解析。

4.2.1 期刊文献（J）

期刊文献是学术论文的重要信息来源，主要包括学术期刊、杂志等。在引用期刊文献时，需按照以下期刊文献的格式，标注作者、标题、期刊名称、出版年份、卷号（期号）等信息。格式如下：

[序号] 主要责任者 . 文献题名 [J]. 刊名：其他题名信息，出版年份，卷号 (期号): 起止页码 . 获取或访问途径 .

例如：

[1] 李明，张伟 . 人工智能发展现状与趋势 [J]. 计算机科学与技术，2019，36（2）：1-10.

4.2.2 报纸文献（N）

报纸文献主要包括各类日报、晚报、专刊等。在引用报纸文献时，需要按照以下报纸文献的格式，标注作者、标题、报纸名称、出版日期等信息。格式如下：

[序号] 作者 . 文献题名 [N]. 报纸名，出版日期 (版次).

例如：

[1] 王刚 . 我国新能源汽车产业政策研究 [N]. 光明日报，2020-03-24（03）.

4.2.3 专著文献

专著文献主要包括学术专著、教材等。在引用专著文献时，需要按照以下专著文献的格式，标注作者、书名、出版社、出版年份等信息。格式如下：

[序号] 主要责任者.题名:其他题名信息[文献类型标志].其他责任者.版本项.出版地:出版者，出版年:引文页码[引用日期].获取或访问路径.

例如：

[1] 张三，李四.计算机网络基础[M].3版.北京：清华大学出版社，2018.

4.2.4 文献类型标志

除了以上三种常见的参考文献，在学术研究和日常生活中，还经常需要对各种文献类型进行区分和识别。为了更好地理解和分类文献，可以根据以下几方面对文献类型进行标志。

1. 纸质文献类型

C.会议录：这类文献是对各类会议上发表的论文、报告等内容的汇总记录，对于了解特定领域的最新研究动态和学术交流成果具有重要价值。

D.学位论文：这是研究生为获得学位而提交的学术论文。学位论文通常对某一课题进行深入研究，是了解某一领域最新研究动态的重要参考资料。

G.汇编：汇编文献是将多篇相关论文或资料整理成册的文献，通常有一个统一的主题或研究方向。汇编文献有助于读者快速了解某一领域的研究成果。

J.期刊文章：期刊文章是在各类学术期刊上发表的论文，它们反映了各领域的研究动态和成果。阅读期刊文章可以帮助读者掌握学术界的最新观点和研究方法。

M.普通图书：普通图书是一种常见的文献类型，通常由作者或编者对某一主题进行系统的阐述和分析。它可以涵盖各种学科领域和主题内容，包括学术著作、科普读物、文学作品等。

N.报纸文章：报纸文章是发表在报纸上的各类文章，包括新闻、评论和观点等。报纸文章有助于了解社会热点问题和时事动态。

S.国际、国家标准：这类文献主要包括国际组织和我国制定的各类标准文件。国际、国家标准对于规范生产、科研和管理等活动具有重要的指导作用。

P.专利：专利文献是发明人或申请人提交的关于发明创造的书面文件。专利文献包含了大量的技术创新信息，对于研究和发展新技术具有重要参考价值。

Z.其他未说明的文献类型：这类文献包括了一些无法归入以上类别的文献，如报告、通信、手册等。

2. 非纸质文献类型

DB/OL.联机网上的数据库：这类文献主要包括在网上发布的各类数据库，如学术期刊数据库、专利数据库等。联机数据库为用户提供便捷的在线检索服务，有助于快速获取相关信息。

DB/MT.磁带数据库：磁带数据库是一种存储大量数据的文献类型，适用于计算机检索和数据分析。

M/CD.光盘图书：光盘图书是将图书、期刊等文献制成光盘形式的出版物。光盘图书便于携带和检索，适用于随时随地学习和研究。

CP/DK.磁盘软件：磁盘软件是一种以磁盘为载体的计算机程序，包括各种应用软件和工具软件。磁盘软件为用户提供便捷的计算和信息处理功能。

J/OL.网上期刊：网上期刊是指在互联网上发布的期刊，包括电子版和网络版。网上期刊为读者提供了便捷的在线阅读和检索服务。

EB/OL.网上电子公告：网上电子公告是指在互联网上发布的各类公告、通知和新闻等。网上电子公告具有传播速度快、互动性强等优点。

通过以上介绍，我们可以更好地理解和识别各种文献类型，为学术研究和日常生活提供便利。

思考与练习

一、单选题

普通图书的文献代码是（　　）。

A. J　　B. N　　C. M　　D. P

二、多选题

1. 论文排版的前置部分可能包括（　　）。

A. 标题　　B. 摘要　　C. 关键词　　D. 参考文献

2. 学术论文的结构有（　　）。

A. 纵贯式　　B. 并列式　　C. 递进式　　D. 综合式

三、学术论文创作

可尝试选取个人所倾向的结构模式，以呈现出更为严谨、稳重的研究成果。要求如下：首先，明确论文的核心议题，确保选题具有一定的学术价值和实际意义。在此基础上，构思论文的整体框架，包括引言、文献综述、理论框架、研究方法、数据分析、讨论与结论等部分。

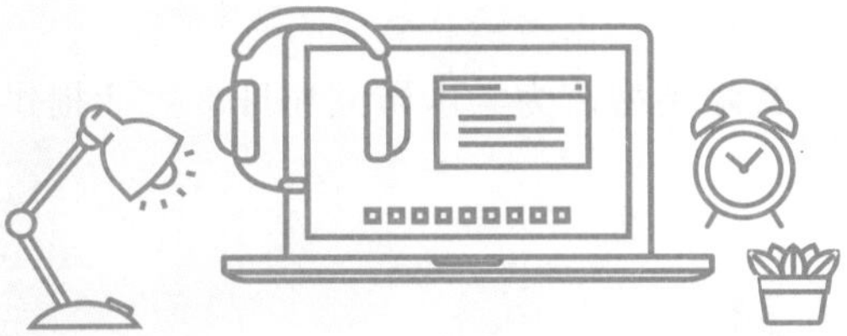

第5章 文献检索案例应用

随着科技的发展，文献检索已成为学术研究、科技创新和决策制定等方面不可或缺的技能。本章将提供一些关于文献检索案例应用的内容，以帮助读者更好地掌握这一技能。

5.1 如何辨别图书真伪

某些图书可能存在非法出版的情况。合法出版的图书应具备国际标准书号（international standard book number, ISBN），这是唯一用于标识图书的编码体系。ISBN由国际ISBN中心颁发，确保全球范围内每本图书都拥有独特的识别号。ISBN编码具有稳定性、精确性和可靠性，广泛应用于图书出版、发行及销售领域，便于查找、购买和管理各类图书资源。

此外，CIP（catalogue information in print）数据核字号是一项重要的管理制度，旨在规范图书出版流程，确保图书信息准确性，便于读者检索和识别图书。然而，部分非法出版物即使具备ISBN和CIP数据核字号，也可能存在非法冒用或随意编造的情况。如何判断图书标注的ISBN和CIP数据核字号是否存在问题？

5.1.1 ISBN

ISBN 是专门为识别图书等文献而设计的国际编号，相当于图书的合法身份证。ISBN的使用，有助于出版业对图书出版、发行、经销、统计等的管理，便于出版物的国际交流，同时也有利于图书馆等图书收藏单位对图书的采购、征集、编目及流通。

图书的ISBN一般可以在图书的版权页和封底找到。封底上的条形码，对应的数字就是ISBN。

ISBN由13 位数字组成，分为五段，每段用“-”连接，如图5-1所示。

图5-1　ISBN组成

第一段：图书前缀码

自2007年1月1日起，我国的国际标准书号（ISBN）进行了重大升级。在此之前的ISBN，主要由10位数字组成，其中包括出版机构代码、出版年份代码以及校验码等信息。然而，为了更好地与国际接轨，我国决定对ISBN进行改革。

在新的改革方案中，我国将原有的10位ISBN升级为13位。这个变化的主要目的是使我国的图书编码系统与全球广泛使用的EAN-UCC编码系统更加一致。EAN-UCC编码系统是一种全球通用的商品编码系统，广泛应用于商品销售、物流等领域。通过将ISBN升级为13位，我国希望能够提高图书编码的准确性，简化图书销售和流通环节，进一步提高我国图书市场的国际化水平。

在这次升级中，我国采取了两种策略。对于现有出版机构，其在10位ISBN前加上一个三位数字的前缀“978”。这个前缀“978”是全球ISBN前缀的一部分，它的加入使得我国ISBN编码与国际标准完全一致。而对于新成立的出版机构，则采用前缀“979”。

这次ISBN升级的一个重要意义在于，它使得我国图书出版行业更加规范，更具竞争力。与国际接轨的ISBN编码有助于提高我国图书在世界范围内的识别度，有助于推动我国图书走向世界。同时，升级后的ISBN编码也更加精确，有助于提高图书销售和流通的效率。

第二段：国家、语言或区位代码

这个代码用于区分不同国家或地区。例如，我国代码为“7”，美国代码为“0”，法语国家（如法国）代码为“2”，日本代码为“4”。

第三段：出版社代号

出版社代号由各国或地区的ISBN中心负责分配。以我国为例，若某本书的出版社代号为“03”，则表明该书由科学出版社出版。

第四段：图书编号

图书编号由出版社自行制定，由1～6位数字组成。一般来说，规模较大的出版社出版书籍较多，因此图书编号相应较长。

第五段：稽核号

稽核号由单一数字构成，该数字是根据前述数字并通过特定算法计算得出，用于核实前述数字的准确性。此外，稽核号也可用于识别盗版书籍，从而保护知识产权。

5.1.2　CIP数据核字号

CIP 数据核字号是由 CIP 主管部门赋予图书的唯一标准号码，其具体号码会因每本图书的不同而各异，且随着时间不断更新。

2000 年以前 CIP 数据核字号为 9 位，2000 年为 9 位和 10 位并存，2000 年之后为 10 位。10 位的 CIP 数据核字号包括两部分：前 4 位数字代表该数据获得核准的年份，后 6 位数字则为该数据核准的流水记录号。

例如，“中国国家版本馆 CIP 数据核字（2024）第 ×××××××××× 号”，这里“2024”是核准年份，后面的“××××××××××”是流水记录号。如果想了解某一本具体图书的CIP 数据核字号，可以查看该书的版权页。

在我国，权威的出版物数据服务平台（publications data center of the publicity department of the CPCCC, PDC）致力于为各类出版物提供数据服务与支持。用户只需在平台上输入图书的ISBN、CIP数据核字号或书目，即可获取该书的CIP数据及版权页相关信息。

当图书上所标的ISBN、CIP数据核字号在系统中无法查询或查询结果与图书上所载信息不符时，该书很大可能为非法出版物。图5-2所示为编目数据检索结果。

图 5-2　编目数据检索结果

5.2　设计与专利

在设计领域，专利不仅是一个高大上的概念，更是设计师在寻求创意灵感时的重要参考资料。对于学习设计的人来说，了解专利、运用专利，无疑是提高自身设计水平和寻找灵感的有效途径。那么，设计与专利之间究竟存在何种关系？本节将详细解答这个疑问。

5.2.1　专利与设计的关系

专利是一种受法律保护的发明创造，它是指一项发明创造向国家审批机关提出专利申请，经依法审查合格后，向专利申请人授予的在规定的时间内对该项发明创造享有的专有权。在很多设计师的认知中，专利似乎是一个遥不可及的事物。然而事实上，每个设计师都有潜力申请自己的专利。专利不仅能够保护设计师的创意成果，还能够成为设计师在市场竞争中的有力武器。以下几点阐述了专利与设计之间的紧密联系：

① 专利是创意的保障：设计师的创意成果经过申请专利后，将受到国家法律的保护。在一定期限内，他人不得擅自使用、仿制或公开传播。

② 专利提升设计价值：拥有专利的设计作品，其价值远高于没有专利的作品。专利为设计师的作品增色，有助于提高设计师在行业内的声誉和地位。

③ 专利助力市场竞争力：在激烈的市场竞争中，拥有专利的设计作品能够脱颖而出，吸引更多的客户和合作伙伴。此外，专利还可以作为企业或个人在谈判时的筹码，提高谈判地位。

5.2.2　如何利用专利为设计服务

利用专利为设计服务的方法如下：

① 查找专利文献：设计师可以通过检索专利数据库，查找与自身设计领域相关的专利文献。这些文献中包含了大量的创意点和设计思路，可以为设计师提供丰富的灵感来源。

② 分析专利技术：在查找专利文献的过程中，设计师应学会分析专利技术，提炼出其中的

核心技术和创新点。这将有助于设计师在设计过程中避免重复发明，提高创新意识。

③ 借鉴优秀设计：设计师可以从专利文献中寻找优秀的设计案例，对其进行深入研究，了解其设计理念、创新点及市场前景。在此基础上，结合自身特长和市场需求，发挥创意，打造独具特色的设计作品。

④ 申请自己的专利：在设计过程中，设计师应注重保护自己的创意成果，及时申请专利。这样一来，不仅可以维护自身权益，还能为未来发展创造更多机会。

设计与专利之间的关系密切且复杂。了解专利、运用专利，对于设计师来说至关重要。通过查找专利文献、分析专利技术、借鉴优秀设计及申请自己的专利等途径，设计师可以不断提高自己的设计水平，为市场带来更多富有创意的作品。

5.2.3　专利的类型

目前国内的专利通常分为三个类型，分别是发明专利、实用新型专利和外观设计专利。

① 发明专利：发明专利是指对于任何一种产品、方法或者其改进所做的技术创新，必须具有新颖性、创造性和实用性。

② 实用新型专利：实用新型专利也称为“小发明专利”，是指对产品的形状、结构或组合等方面进行改进，以提高其实用性、便利性，或降低其成本而进行的技术创新。

③ 外观设计专利：外观设计专利是指对于产品的造型、图案、色彩等方面的设计，以美观、新颖、独特为目的进行的技术创新。这里需要知道，单纯的色彩设计是不给予保护的。

每个类型的专利授权时间各有不同，发明专利为2~3年，实用新型专利为4~12个月，外观设计专利为4~12个月，如图5-3所示。

图5-3　专利授权时间

5.2.4　创新设计的三种实用技巧

首先，值得关注的是，每个设计理念都可能孕育着一个专利机会。专利是为了应对特定问题而提出的独特解决策略，因此，可以说每个问题的背后都潜藏着一种专利可能性。

其次，多数专利都属于改进式微创新。一些伙伴可能会误认为，专利必须是市场上前所未有的全新创新。然而，根据Triz理论，发明创新可以根据新颖性分为五个等级。简而言之，市场上大约98%的专利都属于微创新或小幅创新。真正达到第四级、第五级的重大创新（如苹果手机的滑动解锁），需要应用新技术，并在特定条件下产生。

日常生活中所接触的大多数专利，实际上是对现有技术的改良。以餐巾纸为例，其开口方式从最初的直线设计，发展到后来的两头圆角和弧形等款式，这些改进皆为使用体验的优化。然而，这些看似微小的改进，却都分别构成了独立的专利，如图5-4所示。

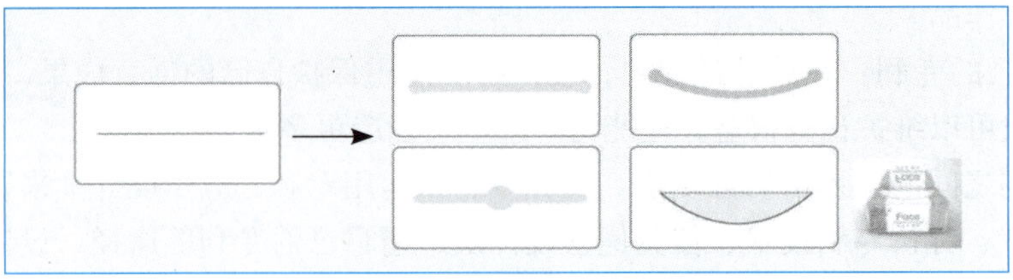

图5-4　餐巾纸口开口方式

因此，微创新与微改进构成了发明专利的主要特点，同时专利发展也呈现出渐进式的态势。颠覆性的发明创造往往源于基础理论研究或技术成熟初期。

最后，选择发明是一种常见且有效的创新思维方式。何为选择发明？简而言之，它是有目的地从现有技术的宽泛范围中，选取与现有技术或使用条件相关的、未被提及的特定发明。

以无线充电技术为例，这一技术让用户能在不插线的情况下为手机或其他设备充电，构成一个广泛的技术范畴。然而，用户能否从中挑选出一个更具针对性的发明呢？例如，“无线充电鼠标垫”就是一个选择发明的实例。它利用了现有技术中公开的原理，但将其应用到新的场景和对象上，从而创造出一个全新的产品。

综上所述，设计师可以从已有的专利和技术出发，寻找创新灵感。同时，借鉴和改进现有技术，以及运用选择发明等思维方式，将有助于提高创新设计的成功率。

设计师还可以利用专利网等资源，获取海量的设计素材。专利网包含了全球各地的专利信息，设计师可以从中挖掘有价值的创意和灵感。这些素材将为创新设计提供丰富的底蕴，进一步提升设计的独特性和实用性。运用本文介绍的实用技巧，设计师将能够在创新设计中取得更好的成果。通过国家知识产权局下的“政务服务平台”→“查询服务”→“专利检索及分析”利用检索词查找设计素材，如图5-5所示。

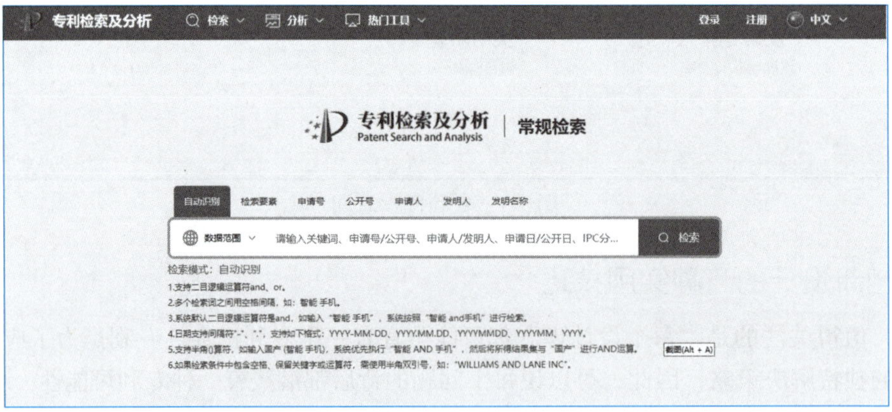

图5-5　专利检索

在图5-5的专利检索框内输入“无线充电鼠标垫”，单击“检索”按钮，即可获取有关“无线充电鼠标垫”的专利信息，如图5-6所示，共筛选出75条包含“无线充电鼠标垫”的数据。选择专利号为CN3083042655的数据，可查看该专利的设计详情，详细内容包括鼠标垫各视图的尺寸细节，如图5-7所示。因此，充分利用专利资源，有助于拓宽设计思路，同时，有效避免侵权风险。

图 5-6　无线充电鼠标垫

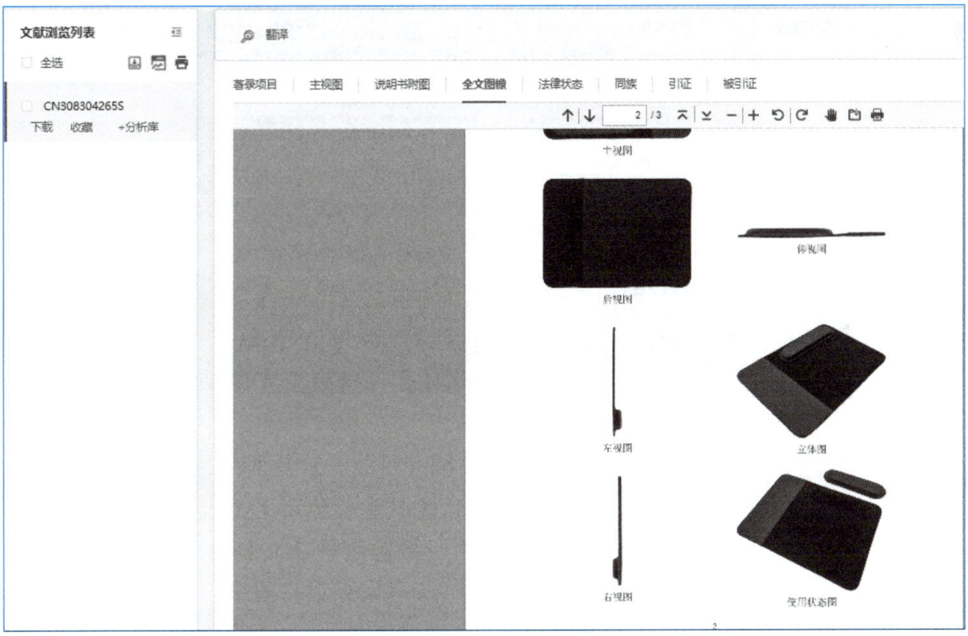

图 5-7　设计详情

5.3　检　索　词

文献检索是学术研究、科技创新和知识获取过程中不可或缺的一环。正确的检索策略可以大幅提高检索效率，提升检索结果的准确率。在文献检索中，检索词的选择和相应的检索语法的运用至关重要。本节将介绍几种常用的检索语法，以帮助读者更有效地进行文献检索。

首先，需要了解什么是检索词。检索词是指在文献检索过程中，用于筛选和查找相关文献的关键词或词组。选择合适的检索词是提高检索效果的关键。在确定检索词时，可以参考以下几方面：

① 从研究领域内的专业术语和概念入手，选择具有代表性和针对性的检索词。

② 将主题词和自由词相结合，以扩大检索范围。

③ 考虑使用同义词、近义词和反义词，增加检索的多样性。

④ 适当使用通配符，如“*”和“?”，以提高检索灵活性。

下面了解一些常用的检索语法，以便更有效地进行文献检索。

1. site——在指定网站检索

在进行检索时，可以使用“检索词 site：域名”的语法格式。这种方法的作用在于从指定的网站中进行检索，是一种限制性检索技术，有助于提高查准率。在使用此方法时，请注意以下事项：

① 在“site:”后面跟随的域名，无须包含“http://”或“www”。

②“site:”与站点名称之间，无须留有空格。

③“site:”与前面的检索词之间，应留有空格。

若想在知网（CNKI）上查找相关参考文献格式，检索表达式设计如图5-8所示。

图5-8 中国知网参考文献格式

2. filetype——专业文档检索

语法格式：检索词 filetype:文档扩展名。

作用：此方法用于检索专业文档，如Word、Excel等，是一种限制检索技术，有助于提高查准率。

注意事项：确保前一个关键词与filetype之间存在空格。filetype后可跟随DOC、XLS、PPT、PDF、RTF、ALL。其中，ALL表示搜索所有这些文件类型。单击结果标题，可直接下载

若要撰写一份个人简历，可在百度搜索个人简历的PPT版，检索表达式设计如图5-9所示。

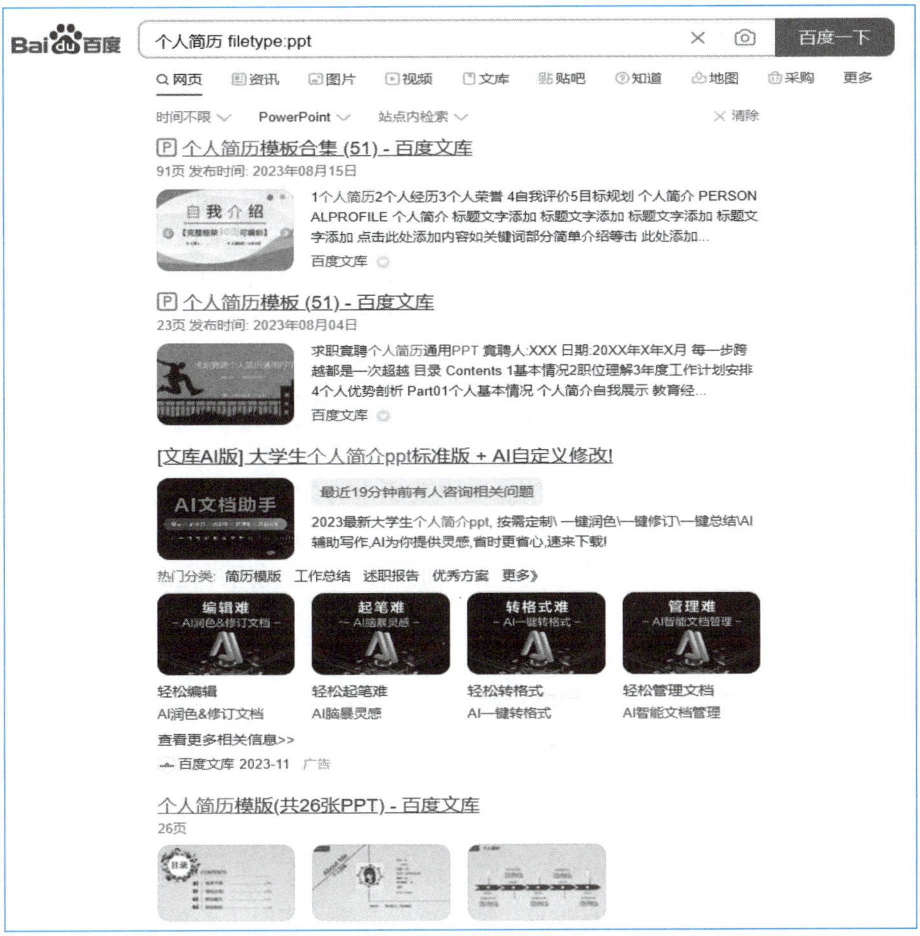

图 5-9　个人简历

3. 竖线“ | ”——布尔逻辑“或”运算

语法格式：检索词 | 检索词，竖线左右各有一个空格。

作用：要求检索结果至少出现给定检索词中的一个。主要用于一组并列概念的检索，可以扩大检索范围，增加检索结果，起到扩检作用，提高查全率。

4. 空格——布尔逻辑“与”运算

语法格式：检索词1 检索词2，两者之间间隔一个空格。

作用：在百度搜索引擎中，逻辑“与”关系的空格不仅能够连接两个检索词，还能实现检索条件的组合。当多个检索词均需要在搜索结果中出现时，可使用空格实现精确搜索，从而提高查准率。

5. 减号“-”——布尔逻辑“非”运算

语法格式：检索词1 -检索词2。

作用：要求检索结果不出现给定的检索词，从而增加搜索限制，减少检索结果，提升检索准确率。

注意事项：在关键词的前后，减号与关键词之间应保留空格，否则，减号将被视为连字符，从而丧失其语法功能。至于减号与后一个关键词之间，空格的存在与否均无妨。

6. 数字范围限定

使用数字范围限定符如“1990—2020”“1995≤年份≤2010”等，可以检索特定时间范围内的文献。

7. 分类号限定

利用学科分类号或主题分类号，可以缩小检索范围，找到更专业的文献。

最后，需要注意的是，在使用检索语法时，应根据实际需求灵活调整检索策略。此外，定期更新检索词和检索语法，以适应不断发展的研究领域和新的学术成果。掌握常用的检索语法，合理运用检索词，可以提高文献检索的效率和准确性。

5.4 站在巨人肩膀上获取就业信息

在当今信息爆炸的时代，获取就业信息变得前所未有的容易。然而，如何在海量信息中找到适合自己的岗位，仍然是一项艰巨的任务。站在巨人的肩膀上，可以更高效地查找招聘信息，从而提高求职的成功率。以下是一些建议和方法，可帮助用户在巨人肩膀上找到心仪的工作。

1. 关注知名招聘网站

我国有许多知名的招聘网站，如智联招聘、前程无忧、猎聘等，这些平台汇聚了大量的招聘信息。注册账号、设置求职意向和筛选条件后，系统就会推荐符合要求的职位。同时，这些网站还会定期举办线上或线下招聘会，为用户提供更多求职机会。

2. 利用社交媒体和行业论坛

社交媒体平台如领英、微信、微博等，不仅是人们交流的好工具，也是获取就业信息的重要途径。用户可以通过关注企业官方账号、加入行业群组，实时了解最新的招聘动态。此外，行业论坛和专业网站也是不错的信息来源，那里的用户普遍具有较高的行业背景和专业知识。

3. 参加线下活动和培训课程

很多时候，招聘信息并不会公开发布在网络上。参加各类线下活动，如行业沙龙、讲座、培训课程等，可以让用户与同行和企业负责人建立联系，第一时间了解内部的招聘信息。此外，多参加这类活动还能提升自己的专业素养和技能，提高求职竞争力。

4. 善用求职App和邮箱订阅

如今，许多求职App可以根据用户的求职意向和简历，为用户推荐合适的职位。用户还可以设置职位、行业和地域等筛选条件，进一步缩小搜索范围。此外，一些求职网站和企业会提供邮箱订阅服务，用户可以通过订阅邮件的方式，定期收到最新的招聘信息。

5. 建立个人品牌和网络曝光

在互联网时代，个人品牌对于求职至关重要。用户可以通过撰写专业文章、分享行业见解、参与线上讨论等方式，提升自己在行业内的知名度。同时，积极在各类社交平台和职业论坛发布个人简历和求职意向，增加曝光度。这样，即使在招聘信息不多的情况下，也能提高企业主动联系用户的概率。

6. 拓展人际关系网络

人际关系网络在求职过程中具有重要作用。通过与同学、老师、亲朋好友和行业人士保持联系，可以获取更多潜在的招聘信息。同时，建立良好的个人品牌，提升自己在行业内的知名度，也有助于提高求职成功率。

除了以上渠道，求职者还需要不断提升自己的专业素养和能力。只有具备较高的综合素质，才能在竞争激烈的求职市场中脱颖而出，成为企业争抢的人才。具体方法包括：

① 学习热门技能：根据行业发展趋势，学习与之相关的技能，如人工智能、大数据、云计算等。

② 考取相关证书：考取与自己专业相关的证书，如金融从业资格证、人力资源管理师等。

③ 参加培训和实践：报名参加专业培训课程，提升自己的实战能力；争取实习机会，积累实际工作经验。

④ 拓宽知识面：关注行业动态，了解各类政策法规，提升自己的综合素质。

⑤ 培养良好的沟通能力：学会与人沟通，提高自己在团队协作中的影响力。

在这个信息爆炸的时代，善于利用各种资源，才能在求职市场中脱颖而出。对于即将毕业的在校学生来说，求职是一项至关重要的任务。在这个竞争激烈的社会中，如何找到一份适合自己的工作，特别是对于财政编制类和国企央企类的工作，显得尤为关键。为此，我们整理了一份针对在校生的求职指南，帮助大家更好地规划职业生涯，实现自身价值。

7. 求职财政编制类工作

① 了解政策：首先，学生应了解我国财政编制类工作的相关政策，包括招聘条件、考试科目等，以便为求职做好充分准备。

② 充实自己：在校期间，要积极参加各类财政相关专业课程的学习，提高自己的综合素质，为求职打下坚实基础。

③ 实习经验：尽量争取在财政相关单位实习，了解实际工作环境，积累实践经验，增加自己的竞争力。

④ 拓展资源：通过各种渠道，如社团活动、实习等，拓展自己的资源，为求职提供有力支持。

⑤ 关注招聘信息：紧密关注财政编制类单位的招聘信息，包括但不限于官方网站、招聘网站等，以便第一时间了解岗位需求，提前做好充分准备。

8. 求职国企央企类工作

① 明确目标：首先要明确自己求职的方向，了解国企央企的产业结构、企业文化等，选择适合自己的岗位。

② 提升能力：在校期间，积极参加各类培训和实践活动，提高自己的专业技能和综合素质，为进入国企央企做好准备。

③ 树立正确的价值观：国企央企注重员工的思想品质，学生应树立正确的价值观，积极向上，具备团队合作精神。

④ 掌握求职技巧：了解国企央企的招聘流程，掌握求职信、面试等环节的技巧，提高自己的竞争力。

⑤ 重视招聘信息：紧密关注国有企业及央企的招聘信息，包括官方网站和招聘网站等，把握求职良机。为便于掌握这些企业的最新动态、政策导向及行业资讯，可通过以下几种方式进行精确查找：

- 关注相关公众号：微信、微博、今日头条等各大媒体平台都有许多国有企业及央企的官方公众号。用户可以通过平台搜索功能，输入企业名称或相关关键词进行检索。关注公众号后，可以查看历史文章，了解企业的发展历程、企业文化、业务领域等。同时，可以订阅公众号的消息提醒，实时接收最新推送。

- 访问企业官网：国有企业及央企的官网是权威的信息发布平台。用户可以访问官网首页，了解企业最新动态、新闻公告、政策解读等。进入官网后，可以使用网站内部的搜索功能，输入关键词查找相关内容，如企业业绩、社会责任、招聘信息等。大部分企业官网都有明确的菜单栏，分为首页、关于我们、新闻中心、业务领域、投资者关系等板块。可以根据需求单击相应菜单，获取详细信息。
- 其他途径：可以关注国有企业及央企在社交媒体上的官方账号，如微博、抖音等，获取实时资讯和动态。资讯类App：许多新闻资讯类App（如今日头条、腾讯新闻等）也会推送国有企业及央企的相关新闻，可以下载App进行阅读。

9. 利用大学生就业网资源

① 注册会员：在校期间，充分利用大学生就业网注册会员，获取更多求职信息。

② 完善个人简历：在大学生就业网上完善个人简历，展示自己的优势和特长，提高曝光度。

③ 参加线上招聘会：积极参加大学生就业网举办的线上招聘会，与企业和HR直接交流，增加求职机会。

④ 咨询辅导：在求职过程中，遇到问题可以咨询大学生就业网的专业辅导老师，获取有针对性的建议。

⑤ 互助交流：参与大学生就业网的互助交流群，与同行求职者分享经验，共同提升。善用国家平台、高校平台的招生就业板块，获取众多实时招聘信息。图5-10所示为暨南大学就业信息网，图5-11所示为华南师范大学就业导航网。

图5-10　暨南大学就业信息网

图 5-11　华南师范大学就业导航网

5.5　终结网络谣言

网络谣言问题涉及通过网络传播虚假信息、捏造事实、制造恐慌及混乱的行为。此类行为所带来的负面影响不容忽视，因此有必要从多个维度对其进行深入剖析并采取相应对策。

5.5.1　网络谣言的危害

网络谣言造成的危害有很多，例如：

1. 损害他人名誉和利益

网络谣言往往针对特定个人或群体，传播虚假信息，恶意诋毁他们的声誉和利益。这可能使受害者承受经济损失、社会压力以及精神创伤。

2. 破坏社会信任和稳定

网络谣言有可能引发公众恐慌和不安，对社会信任和稳定造成破坏。虚假信息的传播可能诱发群体性事件，甚至引发社会动荡。

3. 误导公众认知和价值观

网络谣言往往乘隙而入，利用人们的认知缺陷与心理弱点炮制虚假信息，从而误导公众对特定事件或人物的认知与评价。此举可能引发公众价值观的迷茫，对社会文明进步产生负面影响。

5.5.2　网络谣言的原因

在当今信息时代，网络谣言已成为一个严重的社会问题，对社会稳定和民众心理产生负面影响。要解决这一问题，必须深入了解网络谣言的成因。以下是网络谣言的主要原因：

1. 网民素质参差不齐

网络谣言的制造与传播者往往乘机利用部分网民素质较低、辨识能力不足以及信息素养缺失之机，刻意制造并散布虚假信息。

2. 网络监管不力

当前网络监管机制存在缺陷与不足，导致难以切实抑制网络谣言的散布。此外，部分网站与社交媒体平台在信息发布方面未能严格执行审核与管理职责，从而为网络谣言的传播提供了可乘之机。

3. 利益驱动

某些人或团体为实现经济利益或其他目标，蓄意制造并散布网络谣言。他们可能通过操控舆论、引发社会恐慌以谋取不法收益。

5.5.3 针对网络谣言的应对策略

针对网络谣言，有以下几条应对策略：

① 提升公众信息素养与辨识能力：通过教育和宣传手段，增强公众的信息理解力和辨识能力，使广大民众能准确识别网络谣言，降低虚假信息传播的概率。

② 强化网络监管与管理：完善网络监管机制，加大对网站及社交媒体平台的监管力度，严把信息发布审核关口，对涉嫌制造和传播网络谣言的行为予以及时处置和打击。

③ 构建权威信息发布体系：形成权威的信息发布体系，及时发布真实信息，澄清虚假信息，引导公众对特定事件或人物形成正确认知。政府机构及主流媒体应发挥积极作用，及时回应公众关切，消除社会疑虑。

④ 加强法律责任追究：加大对制造和传播网络谣言行为的法律责任追究力度，严厉打击利用网络谣言进行诈骗、诽谤等违法犯罪行为。对那些故意制造和传播网络谣言以谋取经济利益的组织和个人，应依法追究其法律责任。

⑤ 设立网络谣言举报与处理机制：建立网络谣言举报平台及处理机制，鼓励公众积极举报网络谣言，对核实后的虚假信息举报者给予奖励。同时，对举报者提供的信息进行及时处理和分析，以提高打击网络谣言的实效。

⑥ 提升媒体职业道德：媒体机构及从业人员应提高职业道德水平，坚守真实性原则，严格审查信息来源的可靠性，避免制造或传播未经证实的消息。针对故意制造和传播虚假信息的媒体机构和个人，应加强社会监督并追究相应责任。

5.5.4 防范诈骗需遵循的原则

防范诈骗可以遵循以下原则：

① 验证码切勿随意提供。验证码通常用于身份验证，涉及账户登录、支付、转账等操作。不明来源或未经授权的验证码切勿透露给他人，尤其是陌生人。避免因泄露验证码导致资金损失。

② 谨慎对待短信内的链接。许多带链接的短信可能为广告或含有木马病毒，难以辨别真伪的短信链接，最好不要单击。

③ 避免接听未知来电。未知来电大多来自网络电话，可能是广告或诈骗。见到未知来电，

可直接挂断。

④ 保密个人信息。不要在任何场合透露银行卡号、密码、身份证号、医保卡号等敏感信息，以防被不法分子利用。即使在熟知的账号间交流，也要谨慎。

⑤ 谨慎处理金钱往来。遇到要求转账、汇款的情况，务必提高警惕。对于家人住院、保证金等借口，切勿轻信。如需汇款，最好亲自前往银行柜台办理。

⑥ 学会核实网址、域名。某些骗子会伪造钓鱼网站，诱使受害人输入个人信息。在访问网站前，务必核实域名、网址是否与官方一致。

⑦ 切勿轻信天上掉馅饼。多数骗局利用受害人贪小便宜的心理，以中奖、退钱、补贴等为诱饵。务必提高警惕，避免陷入陷阱。

⑧ 疑虑时寻求官方帮助。无法辨别事情真伪时，可拨打官方客服热线咨询。也可与身边人多加沟通，搜索类似案例。必要时，可拨打110咨询。

思考与练习

实操题

1. 请在专利检索系统中查找至少五种智能保温杯的相关设计图纸。
2. 请运用Site语法，检索你所在学校的官方网站，以获取招生与就业相关资讯。
3. 请运用filetype语法，为自己搜索相关个人简历。

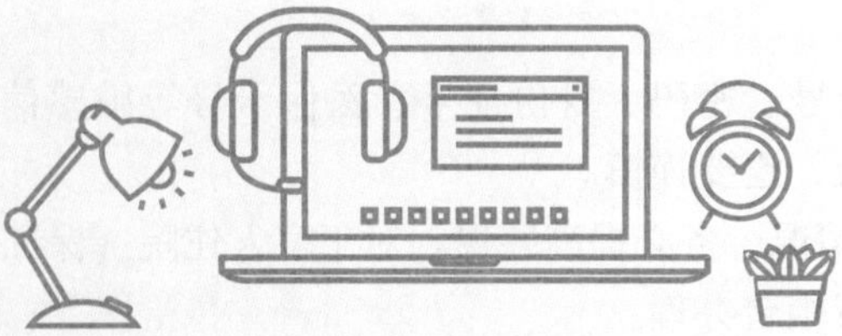

附录A 思考与练习答案

第1章

一、判断题

√

二、单选题

1．B

【解析】这是一个理解性题目。馆藏书目系统、百度学术、专利公布公告系统，这些都有检索功能，所以都是检索系统。《仲尼梦奠帖》是一份古籍，没有检索功能。

2．A

【解析】这是一个识记性题目。后三个选项是信息素养、信息评价、信息意识

三、多选题

1．ACD

【解析】这是一个理解性题目。信息素养有助于帮助人们找到解决问题的思路，可以提升解决问题的效率和质量，可以培养终身学习能力。

2．ABCD

【解析】这是一个理解性题目。A选项，遇到事情首先想到通过获取信息来解决，体现了对信息重要性的认识以及利用信息解决问题的意识，这是信息检索能力的基础，有了这种意识才会进一步去进行信息检索。B选项，明确信息需求后知道利用哪个系统查找信息，说明对不同信息源有一定的了解，能够根据需求准确选择合适的检索工具，这是信息检索能力的重要表现。C选项，在检索信息的过程中，能够利用检索技巧提升检索效率，如使用准确的关键词、布尔逻辑运算符等，展示了对检索方法的掌握和运用能力。D选项，能对找到的信息进行评价，判断信息的准确性、权威性、时效性等，确保所获取的信息质量，也是信息检索能力的一部分。只有具备评价信息的能力，才能更好地为决策提供可靠的依据。

四、简答题

1．如何将知识转化为智慧？

【解析】知识是智慧的基石，但仅仅拥有知识并不意味着就能成为智者。要将知识转化为智慧，需要遵循以下几个步骤：

① 深入理解知识：智慧的第一个要素是深入理解所学知识。这意味着我们要对知识进行深入的思考，而不仅仅是停留在表面的了解。只有通过深入理解，才能够更好地把握知识的核心内涵和逻辑关系。

② 实践与应用：智慧的第二个要素是将所学知识应用于实际生活和工作中。实践是检验真理的唯一标准，只有在实践中不断摸索、总结经验，知识才能转化为智慧。

③ 独立思考：智慧的第三个要素是独立思考。在面对问题和困境时，要学会独立思考，形成自己的见解和解决方案。独立思考有助于我们在知识的基础上形成独特的智慧。

④ 融会贯通：智慧的第四个要素是融会贯通。这意味着要将所学知识与其他领域的知识相结合，形成一个完整的知识体系。在这个体系中，各个领域的知识相互补充，相互促进，从而使我们的智慧更加全面和丰富。

⑤ 创新与创造：智慧的第五个要素是创新与创造。在知识的基础上，要勇于创新，将知识应用于新的领域和场景，从而创造出新的价值和成果。

⑥ 品格修养：智慧的第六个要素是品格修养。一个具有高尚品格的人，才能在知识的基础上形成真正的智慧。品格修养包括诚信、公正、勇敢、谦虚等品质，这些品质能使我们在面对诱惑和困境时保持清醒的头脑，做出正确的决策。

⑦ 不断学习与成长：智慧的最后一个要素是不断学习与成长。我们要时刻保持对新知识的好奇心和探索精神，不断地学习、进步，以适应不断变化的世界。只有持续成长，我们的智慧才能不断丰富和发展。

2．如何提取关键词？如何制定检索策略，以便获取信息？

【解析】提取关键词的方法包括：

① 阅读文献标题、摘要和关键词，从中提取与研究主题相关的词汇。

② 阅读文献全文，从中提取与研究主题相关的词汇。

③ 使用关键词提取工具，从文献中自动提取关键词。

制定检索策略的方法包括：

① 确定检索词，包括主题词、分类号和相关词。

② 选择合适的检索工具，如CNKI、万方数据资源系统等。

③ 确定检索范围，包括时间范围、文献类型和学科领域等。

④ 确定检索方式，包括布尔逻辑检索等。

⑤ 根据检索结果调整检索策略，如扩大或缩小检索范围、增加或减少检索词等。

3．试着评价自己的信息素养能力。

【解析】信息素养是指个体在信息社会中，获取、处理、利用信息的能力。评价自己的信息素养能力，可以从以下几方面入手：

（1）信息获取能力

① 搜索引擎技巧：掌握不同搜索引擎的使用方法，如百度、谷歌等，能够快速找到所需信息。

② 信息筛选能力：在大量信息中，能够快速筛选出对自己有用的信息，避免陷入信息过载的困境。

③ 资料搜集能力：针对一个主题或问题，能够搜集到全面、系统的资料，为解决问题提供有力支持。

（2）信息处理能力

① 数据分析能力：能够运用统计学、图表等方法，对收集到的数据进行分析，提炼出关键信息。

② 信息整合能力：将获取到的信息进行整合、归纳、总结，形成自己的见解。

③ 批判性思维：对收集到的信息进行辩证思考，辨别真伪，避免盲目接收信息。

（3）信息应用能力

① 创新思维：利用所学到的知识，解决实际问题，发挥信息的价值。

② 沟通能力：通过撰写报告、制作PPT等形式，与他人分享获取到的信息，提高沟通效果。

③ 自主学习能力：利用信息素养，不断提升自己的学习能力，充实自己的知识体系。

（4）信息安全意识

① 保护个人隐私：不随意泄露个人信息，提高防范网络诈骗、信息泄露等风险的意识。

② 尊重知识产权：尊重原创，不抄袭、剽窃他人作品，遵守版权法规。

③ 网络安全意识：防范网络病毒、黑客攻击等网络安全风险，维护网络安全。

（5）信息伦理观念

① 诚信原则：在获取、处理、传播信息的过程中，遵循诚信原则，不制造、传播虚假信息。

② 社会责任：关注社会热点问题，积极参与公益活动，利用信息为社会发展作出贡献。

③ 法律意识：遵守国家法律法规，不参与违法违规行为，维护社会秩序。

通过以上五方面的自我评估，可以更好地了解自己的信息素养能力，找出不足之处，并有针对性地进行提高。在信息时代，提高信息素养能力，有助于更好地适应社会发展的需求，提升个人综合素质。

第 2 章

一、填空题

月刊

二、单选题

A

三、多选题

1．ABCD

2．AB

【解析】中图分类号不仅适用于图书，也适用于其他文献类型，如期刊；D 是22个字母，有的字母没有对应的学科。

四、简答题

1．列出你所在的省有哪些公共图书馆，并找到这些公共图书馆的网址，了解其提供的服务。

【解析】以下是我所在省（广东省）的部分公共图书馆及其提供的服务：

（1）广东省立中山图书馆

服务：图书借阅、资料查询、自习、线上服务等。

（2）广州市图书馆

服务：图书借阅、资料查询、自习、线上服务等。

（3）深圳市图书馆

服务：图书借阅、资料查询、自习、线上服务等。

（4）佛山市图书馆

服务：图书借阅、资料查询、自习、线上服务等。

（5）东莞市图书馆

服务：图书借阅、资料查询、自习、线上服务等。

（6）中山市图书馆

服务：图书借阅、资料查询、自习、线上服务等。

（7）珠海市图书馆

服务：图书借阅、资料查询、自习、线上服务等。

（8）惠州市图书馆

服务：图书借阅、资料查询、自习、线上服务等。

（9）汕头市图书馆

服务：图书借阅、资料查询、自习、线上服务等。

（10）湛江市图书馆

服务：图书借阅、资料查询、自习、线上服务等。

以上图书馆均提供丰富的图书资源和便捷的服务，为广大市民提供了良好的阅读和学习环境。同时，这些图书馆还积极开展各类文化活动，如讲座、展览等，旨在提高市民的文化素养和综合素质。值得一提的是，随着信息技术的发展，这些公共图书馆纷纷推出了线上服务，使得市民可以在家中便捷地进行图书借阅、查询资料等操作，进一步满足了人们日益增长的文化需求。

2. 你见识过哪些类型的图书馆？图书馆会消亡吗？

【解析】随着时代的变迁，图书馆也在不断地发展和变革。在我国，图书馆的类型繁多，有公共图书馆、学校图书馆、专业图书馆以及特色图书馆等。公共图书馆为广大市民提供图书借阅、参考咨询等服务，学校图书馆主要服务于在校师生，专业图书馆则专注于某一领域的知识资源，特色图书馆则侧重于特定主题的收藏和展示。

提到图书馆的消亡，这是一个备受争议的话题。在信息技术飞速发展的今天，尤其是互联网和数字化的普及，使得越来越多的人选择在线阅读和获取信息。这也让一些人担忧，传统的图书馆将会逐渐消失。然而，我们认为图书馆并不会消亡，而是会以新的形式继续发展。

首先，尽管互联网上的信息资源丰富，但并非所有内容都适合数字化。一些纸质书籍、古籍善本等具有独特价值和保存意义，它们需要图书馆来加以保护和传承。此外，图书馆还承担着保存地方文化、历史资料等重要任务，这些都是无法通过数字手段替代的。

其次，图书馆在培养民众阅读习惯、提高社会文化素养方面具有不可替代的作用。相较于在家中独自阅读，图书馆的氛围更加宁静、专注，有利于人们深入阅读和思考。同时，图书馆还举办各类讲座、活动，为市民提供交流、学习的平台。这些实体图书馆所提供的服务，是数字化手段难以实现的。

最后，随着科技的进步，图书馆也在不断地创新和发展。例如，引入智能化管理系统、开展线上线下相结合的服务、利用大数据为读者推荐图书等。这些举措使得图书馆在适应时代发展的同时，也保留了其传统的功能和价值。

综上所述，我们认为图书馆会融合新技术，以更符合时代需求的形式继续存在，为人们提供更加丰富和便捷的服务。在这个过程中，我们需要关注图书馆的改革与发展，为传承文化、促进社会进步贡献力量。

3. 简述索书号由哪几部分组成，并在图书馆查找一两本你感兴趣的书籍列举它的索书号。

【解析】索书号是图书馆用于标识图书的一种编码，它由几部分组成，包括：书名号、著录号、分类号和排列号。书名号用于表示图书的标题，著录号用于表示作者或编者，分类号用于表示图书的主题内容，排列号则表示图书在图书馆中的具体位置。

以下是我感兴趣的两本书的索书号：略。

需要注意的是，每个图书馆的索书号编码规则可能略有不同，但总体上遵循上述结构。在实际查找过程中，可以根据图书馆的规则进行搜索。此外，随着图书馆数字化的发展，部分图书馆还采用了“二维码”电子标识，将图书的索书号等信息集成在二维码中，读者可以通过扫描二维码获取图书的相关信息，这使得查找图书变得更加便捷。

4. 图书馆的书是如何排架的?

【解析】这个问题涉及图书馆整理和管理图书的方方面面。一般来说，图书馆图书的排架有以下几个步骤：

（1）图书分类

首先，图书馆会对新到的图书进行分类，根据图书的内容和主题，将其归入相应的类别。我国的图书馆通常采用《中图法》（中国图书馆分类法）对图书进行分类。《中图法》分为五个基本部类，分别是：马克思主义、列宁主义、毛泽东思想、邓小平理论；哲学、宗教；社会科学；自然科学；综合性图书。

（2）分配编号

图书分类完成后，接下来是为每一本图书分配一个独特的编号。这个编号通常包括书名号、著录号和分类号。书名号用于区分同一著作的不同版本；著录号则用于区分同一作者的不同著作；分类号则是对图书进行分类的标识。通过这一系列的编号，可以使每一本图书在图书馆中有自己的位置。

（3）编目和加工

图书编号分配好后，图书馆工作人员会进行编目和加工。编目主要包括编制目录、主题词表、分类号表等，以便于读者检索。加工则包括给图书贴上标签、磁条等，便于图书馆的管理和保护。

（4）排架

编目和加工完成后，图书就可以上架。在这个过程中，图书馆工作人员会根据图书的分类号和编号，将其摆放到相应的书架上。通常，图书馆会将同类图书摆放在一起，以便读者查找。此外，还会考虑到图书的利用率、尺寸、重量等因素，以确保图书排架的合理性和美观性。

（5）整理和维护

图书上架后，图书馆还会定期进行整理和维护。整理主要包括整理书架、调整图书位置等，以确保图书排架的有序性。维护则包括检查图书的状况、修补破损图书、更新图书信息等，以保证图书的完好率和利用率。

图书馆图书的排架是一个复杂而有序的过程。通过这一过程，可以使图书馆的图书得到有效管理和保护，为读者提供良好的阅读环境。

5. 试述分类号为D111、D239、D23、D6的排列顺序。

【解析】D111<D23<D239<D6。

6. 试述核心期刊的评判指标有哪些。

【解析】核心期刊的评判指标主要包括以下几方面：

① 学术影响力：学术影响力是衡量核心期刊地位的重要指标，主要包括期刊论文被引用次数、学科扩散指标、影响力指数等。其中，论文被引用次数是衡量期刊学术影响力最直接的指标，反映了期刊论文在学术界的认可度和影响力。

② 学术质量：学术质量是核心期刊的核心竞争力，主要包括论文的原创性、创新性、学术价值和研究水平。评审专家会对期刊的论文进行严格把关，确保发表的论文具备较高的学术质量。

③ 学科特色：核心期刊通常具有鲜明的学科特色，能够反映某个学科领域的最新研究动态和成果。学科特色体现在期刊的栏目设置、选题范围、论文类型等方面。

④ 发行量和读者群体：发行量和读者群体是衡量期刊社会影响力的重要指标。核心期刊通常具有较高的发行量和稳定的读者群体，能够在学术界产生广泛的影响。

⑤ 国际化程度：国际化程度是评价核心期刊的重要指标之一，主要包括期刊的国际知名度、国际投稿比例、国际合作出版等。国际化程度较高的核心期刊能够在国际学术界发挥重要作用，提升我国学术成果的国际影响力。

⑥ 办刊质量和编辑水平：办刊质量和编辑水平是衡量核心期刊综合实力的重要指标，包括期刊的排版设计、印刷质量、审稿速度、编辑素养等。

⑦ 获奖情况和检索系统收录：获奖情况和检索系统收录反映了期刊在学术界和出版界的认可度。例如，我国出版的《中文核心期刊要目总览》就是对核心期刊的一种官方认可。

⑧ 可持续发展能力：可持续发展能力是评价核心期刊未来发展潜力的重要指标，包括期刊的办刊理念、发展规划、人才培养等方面。

综上所述，评判核心期刊的指标体系多元化，不仅包括学术影响力、学术质量等内在因素，还包括发行量、国际化程度等外在因素。综合这些指标，可以全面评价核心期刊的学术地位和社会价值。

7. 报纸一般收录哪些信息？

【解析】报纸作为传播信息的重要载体，涵盖了众多领域的内容。一般来说，报纸上的信息可以分为以下几个板块：

① 新闻板块：是报纸的核心部分，包括国内外政治、经济、社会、文化、科技等领域的新闻事件。这类文章要求时效性强、客观公正、准确严谨。新闻可以分为头条新闻、要闻、地方新闻、国际新闻等多个子类别。

② 评论板块：主要针对新闻事件和社会现象发表评论员文章、社论等。评论文章要求有

独到见解、逻辑清晰、文字优美。评论板块可以进一步细分为政治评论、经济评论、文化评论等。

③ 专题板块：围绕某一主题进行深入报道和分析，如环保、教育、医疗、房地产等。这类文章要求有较强的针对性、可读性和实用性。专题板块可以采用独家报道、深度调查、人物访谈等多种形式。

④ 文化板块：涵盖文学、艺术、娱乐、历史、哲学等方面的内容。文章要求有较高的审美价值、知识性和趣味性。文化板块包括文学作品、艺术评论、图书推荐、影评等。

⑤ 生活板块：关注民生话题，包括时尚、健康、美食、旅游、家电等。文章要求贴近生活、实用性强、富有创意。生活板块可以包括生活小贴士、消费指南、潮流资讯等。

⑥ 体育板块：主要报道国内外体育赛事、运动员风采、体育产业等方面的内容。文章要求时效性、专业性和可读性。体育板块可以包括赛事报道、体育评论、人物专访等。

⑦ 财经板块：关注金融、投资、理财、企业等方面的信息。文章要求专业性、实用性和分析性。财经板块可以包括财经新闻、投资建议、市场分析等。

⑧ 副刊板块：包括漫画、插图、征文、诗歌等，注重创意和艺术性。副刊板块要求内容丰富、形式多样，为读者提供休闲娱乐的阅读体验。

总的来说，报纸收录的信息涵盖了各个领域，旨在满足不同读者的需求。在信息爆炸的时代，报纸编辑需要充分考虑文章的时效性、权威性和可读性，为广大读者提供丰富、优质的新闻和资讯。

8. 网络信息资源有什么优缺点？

【解析】网络信息资源的优点主要包括以下几点：

① 信息获取便捷：网络信息资源不受地域、时间等因素的限制，用户可以随时随地获取所需信息。相较于传统的纸质书籍、期刊等，网络信息资源更加便捷。

② 更新速度快：网络信息资源可以快速更新，用户可以第一时间获取最新的资讯和研究成果。这对于学术研究、市场调查等领域具有重要意义。

③ 资源丰富：网络信息资源涵盖了各个领域，包括学术、娱乐、生活等各个方面。用户可以在网络上找到大量的资料和资源，满足多样化的需求。

④ 互动性强：网络信息资源具有很强的互动性，用户不仅可以浏览和搜索信息，还可以参与讨论、发表观点，与其他网友互动。这有助于提高用户的参与度和积极性。

⑤ 成本较低：与传统信息资源相比，网络信息资源的获取和传播成本较低。这有助于降低信息不对称，提高信息传播的效率。

然而，网络信息资源也存在一定的缺点：

① 信息真实性难以保证：由于网络环境的宽松性和监管的复杂性，部分网络信息存在虚假、失实的情况。这容易导致用户受到误导，影响其判断和决策。

② 信息过载：网络信息资源的海量和多样性使得用户容易面临信息过载的问题。在这种情况下，用户可能难以筛选出有价值的信息，从而降低信息利用效率。

③ 隐私泄露风险：网络信息资源的获取和传播往往涉及用户个人信息，若不留心保护，可能导致用户隐私泄露，甚至引发网络安全问题。

④ 知识产权保护：网络信息资源中的部分内容涉及知识产权问题。在没有明确授权的情况下，随意使用和传播他人创作的信息资源可能引发法律纠纷。

⑤ 网络安全问题：网络信息资源传播过程中，用户可能面临黑客攻击、病毒感染等网络安全风险。这些问题会影响用户的设备安全，甚至可能导致数据丢失。

总之，网络信息资源在带来便捷和丰富资源的同时，也存在一定的风险和问题。用户在使用网络信息资源时，应充分了解其优缺点，培养良好的信息素养和网络安全意识，以充分利用网络信息资源的优势，规避潜在风险。

五、操作题

1. 进入下列图书馆的网站，了解它们提供的服务，向同学推荐自己所了解的信息，制作PPT文档用于讲解，并在这些图书馆网站上演示使用过程。

A. 中国国家图书馆

B. 广州图书馆

C. 上海图书馆

D. 中国高等教育数字图书馆

【解析】

（1）介绍各个图书馆的基本情况

① 中国国家图书馆：中国国家图书馆是我国最大的图书馆，藏书丰富，涵盖各类学科。它为国家一级图书馆，拥有完善的服务体系，为读者提供便捷的借阅、查询等服务。

② 广州图书馆：广州图书馆是广东省最大的图书馆，藏书丰富，特色是拥有大量的岭南文化资料。广州图书馆以服务广大读者为己任，提供多样化的阅读活动，如讲座、展览等。

③ 上海图书馆：上海图书馆是我国东部地区的重要图书馆，藏书丰富，特色是拥有大量的古籍和外文资料。上海图书馆致力于为读者提供高品质的服务，如信息咨询、课题研究等。

④ 中国高等教育数字图书馆：中国高等教育数字图书馆是我国高等教育领域的专业图书馆，主要为高校师生提供数字化信息服务，如在线数据库、学术论文等。它致力于推动高等教育领域的信息化建设。

（2）推荐各图书馆的特色服务

① 中国国家图书馆：推荐同学使用国家图书馆的“古籍全文检索”服务，通过这一服务，可以在线查阅珍贵的古籍文献。

② 广州图书馆：推荐同学参加广州图书馆的“阅读马拉松”活动，这是一场持续一整天的阅读活动，旨在培养同学的阅读兴趣和毅力。

③ 上海图书馆：推荐同学关注上海图书馆的“每月一书”活动，每期会推荐一本好书，并邀请专家进行解读，帮助同学提升阅读素养。

④ 中国高等教育数字图书馆：推荐同学使用高等教育数字图书馆的“在线数据库”，这里有丰富的学术资源，有助于同学开展课题研究和撰写论文。

（3）制作PPT并进行演示

① 同学们可以根据上述介绍，制作各个图书馆的简介PPT，展示图书馆的基本情况、特色服务和推荐活动。

② 在PPT制作完成后，可以选择在课堂、班会等场合进行演示，向其他同学介绍自己所了解的图书馆，激发他们对图书馆的兴趣。

③ 鼓励同学们在演示过程中，分享自己使用图书馆的心得和经验，互相学习，共同进步。

通过本次介绍，相信大家对这四所图书馆有了更深入的了解。希望同学们能够充分利用这些图书馆资源，提升自己的学术素养和综合能力。同时，也要学会在信息爆炸的时代，善于利用图书馆进行高效的信息检索和筛选，为个人的成长和发展奠定坚实基础。

2. 试着对图中A、B、C、D四个索书号进行顺序排列。

A	B	C	D
I247.57	I247.57	I247.57	I247.57
Z073.2	Z073	Z073	Z073.11
	=2	:1	

【解析】C<B<A<D。

3. 使用维普中文期刊服务平台检索有关旅游营销方面的资料。

【解析】①打开维普中文期刊服务平台，在检索框中输入关键词，如“旅游营销”“旅游推广”等。

② 为了缩小检索范围，提高检索效果，建议添加一些限定条件。例如，可以根据研究需求选择“核心收录”“发表时间”“学科”等聚类条件。

③ 单击“检索”按钮，系统将呈现与关键词相关的文献资源。可以通过阅读摘要、关键词和标题，快速了解文献的主要内容，进一步判断是否符合研究需求。

4. 使用CNKI查找关于文化方面的报纸，请列举两到三个。

【解析】①《中国文化报》：该报是我国文化产业领域具有重要影响力的专业报纸，旨在宣传党的文化方针政策，弘扬民族文化，报道文化新闻、文化现象，以及文化产业发展动态。内容包括文化新闻、文化评论、文化人物、文化产业、文化市场、文化遗产保护等多个方面。

②《光明日报》：光明日报社是一家拥有悠久历史的全国性日报，以文化、教育、科技为主要报道领域，致力于宣传党的方针政策，传播先进文化，推动科技创新，服务社会进步。在文化方面，报纸设有文化新闻、文化评论、文化论坛、艺术鉴赏等多个栏目，全面关注文化领域的热点话题和动态。

③《新京报》：新京报是我国一份具有广泛影响力的综合性日报，文化报道是其重要组成部分。报纸关注文化现象、文化人物、文化产业、文化市场等方面的内容，设有文化新闻、文化评论、文化周刊等多个栏目，以独特的视角和深入的剖析，为读者呈现丰富多彩的文化生活。

第3章

一、单选题

1. A　2. B　3. B　4. B　5. D　6. A

二、多选题

ABCD

三、操作题

1. 在CNKI（中国知网）中查找“刑诉法典”方面的资料，但不要“法文”方面的。请写出检索表达式。

【解析】在CNKI（中国知网）中查找关于“刑诉法典”方面的资料，需要构建一个精确的检索表达式，以获取相关研究成果。

考虑到本题的主题为“刑诉法典”，而非“法文”方面的内容，在构建检索表达式时，可以采用以下策略：

首先，使用“刑诉法典”作为关键词进行检索，以获取与刑诉法典相关的研究成果。

其次，为了排除与“法文”相关的文献，可以利用布尔运算符“AND”与“-”来缩小检索范围。具体操作如下：

检索表达式：（刑诉法典）AND（-法文）

通过以上检索表达式，可以在CNKI中查找到关于刑诉法典方面的研究成果，同时排除与法文相关的文献。在此基础上，可以进一步分析检索结果，深入了解刑诉法典领域的最新研究动态和发展趋势。

2. 略。

3. 略。

4. 请举例说明在专业检索中布尔逻辑运算符的使用技巧。

【解析】在专业检索中，布尔逻辑运算符的使用技巧至关重要，可以帮助我们更有效地检索到所需的信息。以下是一些使用布尔逻辑运算符的技巧示例：

① 组合检索词：在使用布尔逻辑运算符时，首先需要确定检索课题的核心概念，并为这些概念选择适当的同义词。例如，对于“青少年药物滥用”这一课题，可以将相关词汇用布尔逻辑运算符进行组合。

检索式：青少年（teenagers）OR青少年（adolescents）OR年轻人（youth）AND药物滥用（substance abuse）OR药物成瘾（addiction）OR酒精滥用（alcohol abuse）

② 提高检索效果：在构建检索式时，可以使用括号改变运算次序，以便更精确地筛选出相关文献。例如，可以将核心概念组合在一起，然后再与其他概念进行布尔运算。

检索式：(青少年 OR青少年 OR年轻人) AND (药物滥用 OR药物成瘾 OR酒精滥用)

③ 利用NOT运算符排除无关文献：在检索过程中，可以使用NOT运算符排除与课题无关的信息。例如，如果想排除与青少年药物滥用无关的文献，可以这样做：

检索式：青少年（teenagers）AND药物滥用（substance abuse）NOT心理健康（mental health）NOT教育（education）

④ 使用OR运算符扩大检索范围：在某些情况下，可以使用OR运算符将同一概念或类似概念的术语结合在一起，以扩大检索范围。例如：

检索式：抑郁症（depression）OR抑郁（depressive disorder）OR抑郁症状（depressive symptoms）

⑤ 利用NEAR运算符查找相关文献：当需要查找概念之间的紧密关系时，可以使用NEAR运算符。例如，对于“心理治疗”和“抑郁症”这两个概念，可以构建如下检索式：

检索式：心理治疗（psychotherapy）NEAR抑郁症（depression）

⑥ 结合使用多种布尔逻辑运算符：在复杂检索中，可以结合使用多种布尔逻辑运算符，以实现更精确的检索。例如：

检索式：青少年（teenagers）AND药物滥用（substance abuse）NOT心理健康（mental

health）OR 教育干预（educational intervention）

通过以上示例，可以看到在专业检索中，布尔逻辑运算符的使用技巧对于提高检索效果具有重要意义。在构建检索式时，需要充分了解课题背景，灵活运用各种布尔逻辑运算符，以实现更精确、更高效的检索。

5. 写出“防撞气囊在汽车安全中的应用”的检索式。

【解析】防撞气囊 AND (汽车 OR 汽车安全)。

6. 研究“法律与经济和政治的关系”的课题，要如何设置检索式？

【解析】在研究“法律与经济和政治的关系”的课题时，设置检索式是非常关键的一步。检索式的合理性直接影响到研究结果的准确性和全面性。以下是一个设置检索式的建议：

（1）经济和政治维度

在经济和政治维度上，可以设置以下关键词：

① 经济：经济发展、经济体制、市场经济、微观经济行为、宏观调控、产业结构、生产力发展。

② 政治：政治体制、政治关系、政治权力、政治决策、政治影响、政治环境。

（2）法律维度

在法律维度上，可以设置以下关键词：

① 法律：法律体系、法律制度、法律规范、法律政策、法律实施、法律制约、法律保障。

② 法律关系：主体、客体、权利、义务、法律地位、法律行为。

（3）法律与经济和政治的关系

在探讨法律与经济和政治的关系时，可以设置以下关键词：

① 相互影响：法律对经济和政治的影响、经济和政治对法律的影响。

② 相互作用：法律在经济和政治中的作用、经济和政治在法律中的作用。

③ 关联性：法律与经济发展的关联、法律与政治的关联、经济发展与政治的关联。

（4）研究方法

在检索式中，还可以设置与研究方法相关的关键词，以缩小研究范围，提高检索的准确性：实证研究、案例分析、比较研究、定量研究、定性研究、理论研究。

综合以上关键词，设置一个完整的检索式示例如下：

（经济发展 OR 经济体制 OR 市场经济 OR 微观经济行为 OR 宏观调控 OR 产业结构 OR 生产力发展）AND（政治体制 OR 政治关系 OR 政治权力 OR 政治决策 OR 政治影响 OR 政治环境）AND（法律体系 OR 法律制度 OR 法律规范 OR 法律政策 OR 法律实施 OR 法律制约 OR 法律保障）AND（相互影响 OR 相互作用 OR 关联性）AND（实证研究 OR 案例分析 OR 比较研究 OR 定量研究 OR 定性研究 OR 理论研究）

通过这个检索式，可以有效地查找关于法律与经济和政治关系的研究资料，为课题研究提供丰富的理论依据和实证支持。

7. 在万方数据知识服务平台检索最新的关于“一带一路”的相关文献。

① 请写出检索的具体步骤。

② 请说明命中文献的参考价值。

③ 请就检索出来的界面二次检索 2020—2023 年发表的有关“一带一路倡议”的文献。

【解析】首先，打开万方数据知识服务平台网址，在首页的一框式检索中，输入关键词

“一带一路倡议”。为了提高检索效果，可以使用高级检索功能，进行多组合查询并选择检索词间的逻辑组配关系。

在高级检索界面，可以设置以下检索条件：

① 资源类型：选择“期刊”和“学位论文”，以便获取相关领域的学术论文。

② 发表年份：设置检索年份范围，如2020年至2023年，以获取在此期间发表的文献。

③ 检索字段：选择“题名”、“关键词”和“摘要”，以便全面检索到有关“一带一路倡议”的文献。

④ 逻辑组配关系：选择“与”（AND）连接各个检索词，确保检索结果中同时包含所有关键词。

输入检索式后，单击“检索”按钮，系统会立即显示出相关的文献。

接下来，可以通过以下方式进一步筛选和分析检索结果：

① 按照年份、作者、单位等进行排序，以便查看相关文献的发表情况。

② 使用“导出”功能，将检索结果导出为EndNote、RefWorks等格式的参考文献列表。

③ 使用“筛选”功能，根据需求筛选出符合研究主题的文献。

④ 阅读检索结果的全文，深入了解“一带一路倡议”的相关研究内容。

⑤ 利用万方数据平台的其他功能，如“学术趋势分析”“相似性分析”等，对检索结果进行深入分析。

通过以上步骤，可以在万方数据知识服务平台上快速、精准地检索到关于“一带一路倡议”的最新相关文献。此外，平台还提供了多种智能化服务方式，如跨语言检索、语义检索等，有助于更全面地了解该领域的研究动态。在实际应用中，根据研究需求和检索目标，可以灵活运用各种检索方法和策略，不断提升检索效果。

8. 在万方数据知识服务平台检索人工智能领域权威的文献资料：

（1）使用智能化的方式检索。

（2）列举命中文献并进行说明。

【解析】随着科技的发展，人工智能已经成为当今社会的热门研究领域。在万方数据知识服务平台上，可以使用智能化方式检索人工智能领域的权威文献。以下是详细步骤：

① 进入万方数据知识服务平台，在校园IP范围内可直接访问，无须账号密码登录。

② 选择合适的检索字段：在检索框左侧，选择与人工智能领域相关的检索字段，如“主题”“关键词”“作者”等。

③ 输入检索词：在检索框内输入与人工智能领域相关的检索词，例如“人工智能”“机器学习”“深度学习”等。

④ 使用高级检索功能：单击“高级检索”按钮，进行多组合查询并选择检索词间的逻辑组配关系，以实现更精准的检索。

⑤ 专业检索：对于复杂检索需求，可以使用“专业检索”功能，在输入框中输入所需的检索表达式，进行检索词的精确匹配限定。

⑥ 作者发文检索：输入作者名称和作者单位等字段，查找相关作者的学术成果。

⑦ 利用智能化服务：运用平台提供的跨语言检索、语义检索等智能检索方式，进一步拓宽检索范围。

⑧ 筛选权威文献：在检索结果中，通过查看文献的发表年份、作者、单位、被引用次数等

信息，筛选出具有权威性的文献。

⑨ 万方选题功能：利用万方选题功能，对检索到的文献进行多维度聚类分析，精准定位选题，并评估已定选题的新颖性。

通过以上步骤，在万方数据知识服务平台上可以快速、精准地检索到人工智能领域的权威文献。借助平台的智能化服务，更加高效地进行学术研究。

9. 在万方数据知识服务平台的高级检索中查找期刊论文，时间限定为2010—2018年，检索点选择“题名”检索词输入“终身学习”，匹配方式选择“精确”，看能检索出什么结果，请列举两到三篇的题名。

【解析】经过在万方数据知识服务平台的高级检索中查找期刊论文，时间限定为2010—2018年，检索点选择“题名”，检索词输入“终生学习”，匹配方式选择“精确”，列举两篇题名如下：

《终身学习视野下的家庭教育研究》《我国终身教育体系构建与发展战略研究》

此外，还有一篇与终身学习相关的论文题名如下：《终身学习与人力资源开发的关系研究》

以上三篇论文均关注了终身学习这一重要主题，分别从家庭教育、终身教育体系构建、人力资源开发等角度进行了深入研究。

10. 请检索《南方论刊》这本期刊：

（1）请写出检索的具体步骤。

① 打开浏览器，输入维普数据库的网址，进入维普数据库首页。

② 在首页的检索栏中，可以看到有多个检索选项，如“期刊检索”“文献检索”等，选择“期刊检索”。

③ 在期刊检索页面的检索框中输入“南方论刊”。

④ 单击“检索”按钮，系统会显示与“南方论刊”相关的检索结果。

⑤ 在检索结果中，可以查看《南方论刊》的详细信息，包括期刊简介、收录情况、出版周期、主办单位等。

此外，还可以通过其他数据库或图书馆的资源导航来查找《南方论刊》这本期刊。

（2）说明从中看到了哪些信息。

【解析】《南方论刊》是一本具有重要影响力的学术期刊，为广大研究者提供了丰富的学术资源。为了更好地了解这本期刊，以下是将进行的检索步骤：

① 访问期刊官方网站：首先，可以通过访问《南方论刊》的官方网站获取期刊的详细信息。在官网上，可以查看期刊的简介、编委阵容、投稿指南等内容。

② 检索创刊年份：通过官方网站或百度等搜索引擎，了解《南方论刊》的创刊年份，这将有助于了解期刊的历史和发展。

③ 查询期刊影响力：利用学术数据库（如CNKI）或搜索引擎，查询《南方论刊》的影响因子（IF）和其他学术指标，以评估其在学术界的地位和影响力。

④ 浏览近年来的文章：通过学术数据库或官方网站，浏览《南方论刊》近年来的文章。这将有助于了解期刊的发文方向、质量以及作者群。

⑤ 分析文章主题：对期刊近年来的文章进行主题分析，归纳出《南方论刊》关注的学术领域和热点问题。

⑥ 了解审稿周期：通过官方网站或向编辑部咨询，了解《南方论刊》的审稿周期。这将有

助于作者在投稿时做好时间规划。

⑦ 投稿指南：仔细阅读《南方论刊》的投稿指南，了解投稿要求、论文格式、投稿方式等，以确保投稿顺利进行。

⑧ 获取征稿信息：关注《南方论刊》的征稿信息，以便在必要时调整自己的研究方向和投稿策略。

⑨ 学术讨论与交流：参与与《南方论刊》相关的学术活动，如研讨会、论坛等，与学术界同行进行交流，提升自己的研究水平。

⑩ 持续关注：《南方论刊》作为一本学术期刊，其内容和方向会随着时间和社会发展而变化。因此，需要持续关注期刊的最新动态，以便更好地利用这一学术资源。

通过以上十个步骤，可以全面了解《南方论刊》的学术价值、发展方向和投稿策略，为学术研究提供有力支持。

11. 试着在超星汇雅电子书网站检索你喜欢阅读的主题图书，并阅读：

（1）请写出检索的具体步骤。

① 打开浏览器，输入网址超星汇雅电子书网址。

② 进入网站后，找到搜索框。

③ 在搜索框中输入你喜欢阅读的主题关键词，如“科幻小说”“历史文化”“心理学”等。

④ 单击“搜索”按钮或按下【Enter】键。

⑤ 系统会显示与该主题相关的图书列表。

⑥ 可以根据图书的标题、作者、简介等信息，选择感兴趣的图书。

⑦ 单击图书封面或标题，进入图书详情页面。

⑧ 在图书详情页面，可以查看图书的目录、简介、作者信息等。

⑨ 单击“在线阅读”或“借阅”按钮，即可开始阅读该图书。

（2）谈谈超星汇雅电子书对你的学习和生活有什么帮助？

【解析】超星汇雅电子书是全球最大的中文电子图书资源库，涵盖中图分类法22个大类，拥有丰富的图书资源。对于学生来说，超星汇雅电子书在学习和生活方面具有以下帮助：

（1）学术研究：

① 资料查找便捷：超星汇雅电子书提供了海量的图书资源，学生可以轻松查找相关领域的专业书籍，获取所需学术信息。

② 快速了解学科动态：通过最新动态板块，学生可以关注学术领域的最新研究成果和动态，为自己的学术研究提供参考。

③ 提高写作效率：在撰写论文、报告等学术作品时，学生可以迅速找到相关文献资料，提高写作效率。

（2）兴趣爱好：

① 丰富多样的图书资源：超星汇雅电子书涵盖了各类图书，包括文学、历史、哲学、艺术等多个领域，可满足学生课余生活的阅读需求。

② 好书推荐：超星汇雅电子书每周更新精选好书，帮助学生发现优质图书，提升阅读品味。

③ 便捷的阅读方式：学生可以使用超星阅读器、学习通或移动图书馆App等多种途径阅读电子图书，充分利用碎片化时间。

（3）职业发展：

① 职业技能提升：超星汇雅电子书提供丰富的职业技能培训教材和实践案例，助力学生提升职业技能。

② 行业动态了解：通过行业相关书籍的阅读，可了解职业发展趋势，为自己的职业规划提供参考。

③ 拓展人际关系：超星汇雅电子书中的社交类书籍可以帮助学生学会沟通、拓展人际关系，提升自己的社交能力。

综上，超星汇雅电子书在学术研究、兴趣爱好和职业发展等方面对学生具有很大的帮助。通过充分利用这一资源，学生可以拓宽知识面，提高自身素质，为未来的学习和生活打下坚实基础。

12．试请实操MET平台，说明这个资源对用户有哪些帮助。

【解析】在当前全球化的时代，英语作为国际交流的主要语言，其重要性不言而喻。为了提高自己的英语口语水平，许多人纷纷寻求各种学习资源和途径。MET英语口语平台资源的体验如下：

首先，MET英语口语平台提供了丰富多样的课程内容。平台上涵盖了生活、工作、娱乐等各种场景的英语口语课程，可使用户在学习过程中能够接触到真实、实用的英语表达。此外，平台还会根据用户的学习进度和需求，推荐相应的课程，确保用户能够循序渐进地提高英语口语能力。

其次，MET英语口语平台拥有一支专业的师资团队。平台上的外教和英语专家都具有丰富的教学经验，他们会根据学员的实际情况制定个性化的教学方案，确保用户能够在短时间内取得明显的进步。此外，平台还提供了一对一的教学模式，让用户能够在与老师互动的过程中，更好地锻炼自己的英语口语表达能力。

再者，MET英语口语平台采用了先进的教学技术。通过在线视频通话，用户可以随时随地与外教进行实时交流，避免了外出上课的麻烦。同时，平台还提供了录音和录像功能，让用户可以在课后回顾课堂内容，查漏补缺。此外，平台还设置了学习进度跟踪功能，让用户能够时刻了解自己的学习状况，调整学习计划。

最后，MET英语口语平台的学习氛围浓厚。在这里，可以结识许多志同道合的学习伙伴，相互鼓励、共同进步。此外，平台还定期举办线上英语角、主题活动等，让用户在实际应用英语的过程中，提高自己的口语表达能力。

综上所述，MET英语口语平台提供了丰富的课程资源、专业的师资力量、先进的教学技术以及良好的学习氛围。在这样全方位的支持下，用户的英语口语水平将得到显著提高。只要继续努力，终有一天用户能克服英语口语障碍，自信地与他人进行交流。

13．略。

14．略。

15．简述翼狐设计学习库提供哪些资源。

【解析】翼狐设计学习库是一个涵盖了众多设计领域的在线数字资源平台，旨在为设计师提供一站式学习、创作和交流的全方位资源。以下是翼狐设计学习库提供的主要资源类型：

① 视频教程：翼狐设计学习库包含了大量关于平面设计、三维动画、游戏制作、影视后期、数字绘画、环境艺术、工业设计、UI设计、摄影摄像等九大设计行业的案例教学课程。这

些教程涵盖了主流设计软件如Photoshop、Illustrator、InDesign、Maya、3ds Max等55个设计软件的使用技巧和实际操作演示。

② 设计素材：翼狐设计学习库提供了丰富的设计素材，包括平面设计、原画插画、交互图标、模型素材、材质贴图等。这些素材可以帮助设计师快速找到适合自己的创意资源，提高设计效率。

③ 项目案例：翼狐设计学习库内含众多项目案例课程，包含课程课件、素材等资料。学生可以根据课程学习进度，边学边练，提高自己的实际操作能力。

④ 在线工具：翼狐设计学习库还配备了适用于200个行业人群使用的在线智能设计工具——“设计中心”。无论用户是否有设计基础，都可以轻松上手，尝试进行设计创作。

⑤ 大师直播：翼狐设计学习库每月不定期举办大师线上免费直播活动，用户可以在线交流各种修图、剪辑、绘画、摄影等技巧，与行业专家互动学习。

⑥ 学习路径：翼狐设计学习库为不同职业的设计师提供了专门的学习路径，包括插画师、漫画师、电商设计师、包装设计师、UI设计师、摄影师、后期剪辑师、新媒体编辑、产品设计师、家装设计师等30多个职业。

⑦ 软件更新：翼狐设计学习库始终保持课程内容的更新，确保用户能够接触到最新的设计软件版本和行业动态。

⑧ 离线下载：翼狐设计学习库支持教程内容离线下载，便于用户随时随地进行学习。

综上所述，翼狐设计学习库是一个全方位、多领域的设计资源平台，为设计师提供了丰富的学习资源、创意素材以及交流互动的机会。无论是新手还是资深设计师，都可以在这里找到适合自己的学习内容和工具，不断提升设计技能。

16．略。

第 4 章

一、单选题

C

二、多选题

1．ABC

2．ABCD

三、学术论文创作

略。

第 5 章

实操题

答案略。

参考文献

[1] 王玉香. 信息检索与利用 [M]. 沈阳：东北大学出版社,2020.

[2] 蔡丽萍, 郭晓瑞. 文献信息检索教程 [M]. 3 版. 北京：北京邮电大学出版社,2022.

[3] 乔好勤, 潘小明, 冯建福. 信息检索与信息素养 [M]. 武汉：华中科技大学出版社,2022.

[4] 聂应高. 数字信息检索技术 [M]. 武汉：湖北科学技术出版社,2018.

[5] 李一梅, 罗时忠, 王银玲, 等. 化学化工文献信息检索 [M].3 版. 合肥：中国科学技术大学出版社,2021.

[6] 陈泉, 杨菲, 周妍. 信息获取与知识创新 [M]. 北京：清华大学出版社,2021.

[7] 程东立. 图书馆信息检索与资源共享教材 [M]. 北京：中国商业出版社,2019.

[8] 叶春蕾, 陈娜, 林莉. 信息检索与知识利用 [M]. 北京：中国农业科学技术出版社,2019.

[9] 钟新春, 张丰智, 唐兵. 科技文献检索实用教程 专业硕士社会科学类分册 [M]. 北京：科学出版社,2018.

[10] 吴贝贝, 楚林, 姜立之. 信息素养与检索实践 [M]. 北京：机械工业出版社,2023.

[11] 许旌莹, 李原野, 王裕芳, 等. 网络信息检索与利用 [M]. 北京：北京理工大学出版社,2022.

[12] 万敏, 罗先凤, 王利梅, 等. 新时代大学生管理能力培养与提升 [M]. 长春：吉林大学出版社,2021.

[13] 刘海梅, 刘莉, 寇志敏, 等. 信息检索与信息素养 [M]. 北京：清华大学出版社,2022.

[14] 袁红军, 严真, 耿卫. 信息咨询视域下图书馆档案馆服务研究 [M]. 长春：吉林文史出版社,2009.

[15] 李国庆. 水利学文献检索 [M]. 昆明：云南大学出版社,2021.

[16] 闫瑜. 大学生信息检索与论文写作 [M]. 哈尔滨：哈尔滨工程大学出版社,2010.

[17] 施燕斌. 信息检索与利用 [M]. 长沙：国防科学技术大学出版社,2022.

[18] 孔洁. 文献信息检索与利用 [M]. 北京：中国原子能出版社,2020.

[19] 杨佳祝, 黎雪松. 现代信息查询与利用 [M]. 成都：西南交通大学出版社,2022.

[20] 杨效军. 中国农家书屋的建设与管理实务 [M]. 北京：国家图书馆出版社,2017.

[21] 周文骏. 图书馆学百科全书 [M]. 北京：中国大百科全书出版社,1993.

[22] 饶宗政, 王刚参. 现代文献检索与利用 [M]. 3 版. 北京：机械工业出版社,2020.

[23] 和正华, 王靓亮, 罗清威. 文献信息检索及科技论文写作 [M]. 北京：中国铁道出版社有限公司,2021.

[24] 汪涛, 尚丽, 张艳利, 等. 信息时代图书馆文献资源建设理论与实践 [M]. 天津：天津科学技术出版社,2014.

[25] 周建芳, 张俊慧, 沙玉萍, 等. 信息素养与信息检索 [M].3 版. 北京：科学出版社,2021.

[26] 董伟, 贾东琴. 教育研究中的量化分析方法与实践 [M]. 北京：经济科学出版社,2022.

[27] 廖连生. 文献信息检索新论 [M]. 杭州：浙江大学出版社,2014.

[28] 崔娜. 文献检索与利用 [M]. 郑州：黄河水利出版社, 2019.

[29] 王莉红, 李慧珍, 吕芳, 等. 商务信息检索 [M]. 北京：对外经济贸易大学出版社,2010.

[30] 王经胜. 历史的镜头：新闻出版卷 [M]. 延吉：延边人民出版社,2010.

[31] 张倩苇. 信息素养 开启学术研究之门 [M]. 北京：北京理工大学出版社,2020.

[32] 李建英. 图书分编与期刊利用 [M]. 兰州：甘肃民族出版社, 2007.

[33]陈泽宪.文化法律知识读本 以案释法版[M].北京：中国民主法制出版社,2017.
[34]吕发成,张占梅,王云鸿.人大新闻宣传[M].北京：中国民主法制出版社,2016.
[35]宋诚英,时东晓.网络信息检索实例分析与操作训练[M].3版.北京：电子工业出版社,2019.
[36]李连璧,丛林,孟广宇,等.版式设计[M].延吉：延边大学出版社,2015.
[37]孙振强,刘慧.图书馆特设资源建设研究[M].北京：北京工业大学出版社,2022.